与大师谈艺

壮暮堂——谢稚柳

郑重 著

文匯出版社

前言

“与大师谈艺”是一个口述系列，记录了谢稚柳、唐云、程十发、陈佩秋艺术实践的体验和感受。我和他们交游数十年，或看他们伏案作画，或是天马行空式的交谈，对他们可谓是听其言而观其行了，从而渐渐悟到他们在纸上行笔、用墨、用水、用彩的不同，是来自他们内心的体验和感受的不同。我想由他们“自说自画”一番，把内心的体验和表现出来的艺术做一次重新融合，不是比别人的评论更好吗？由于有着这样的潜在动机，他们言之无意，我听之有心，所以就形成了“与大师谈艺”这样的口述系列。

中国绘画的理论多发端自画家的体验与感受。顾恺之的“传神论”可谓是中国绘画理论的成熟之作，起始“画女于壁”，虽“四体妍媸”，但“亡关于妙处”，不甚生动，后忽有所悟“传神写照正在阿堵（指这个）之中”，绘之于墙的人物就变活了。后人易“堵”为“睹”，意思相通，其他如“手挥五弦，目送飞鸿”“妙想迁得”，都是从他的体验中来。南朝宗炳凡游历皆图于壁，以作“卧游”之乐，“澄怀观道”“澄怀味象”“万趣融其神思”，他非常感叹“余复何为哉”，“畅神而已”。这种以自问自答的方式，表达了内心的体验，提出了“畅神”之说，成了山水画论开山而又成熟之作。谢赫综合“传神”“畅神”之说，提出了“六法论”，使中国绘画理论达到系统化完整，但自身的体验远不如顾、宗二位来得深刻。

谢稚柳极为赞同“眼高手低”之说，他认为绘画总是眼高于手，才能推动手的提高。顾恺之的“传神”、宗炳的“畅神”之说，标志着中国绘画的理论高峰，他们的绘画能否称得上艺术高峰，那就有待讨论了。但是在他们的理论指导下，唐宋绘画走向高峰，这是无可置疑的。晚唐的张璪还说“外师造化，中得心源”，还在追随顾恺之、宗炳，仍然重视体验，做到主观与客观的结合。可以这样断定，没有魏晋六朝的“眼高”（理论），中国画的高峰可能要晚些时候出现。自元以后，中国绘画走向衰微，除了技巧的衰落，我想更为重要的是画家对体验的疏远，或是内心浅薄造成的。

“与大师谈艺”四种，所注重的是挖掘老画家的体验，他们的画风的演变，不只是技巧的变革，而是随体验的深入在发生变化。画家的体验作为绘画的一个重要因素，在今天被人们忽略了。我生性迟钝不敏，对名家所谈理解肤浅，只能做到他们谈啥我就记啥。这里所记只不过是他们所谈之万一，疏漏多多，记错也难免，敬请见谅。

代序 谢稚柳的宽容

走进壮暮堂，迎面的是一副谢稚柳的恩师钱名山书写的对联：“绚烂归平淡，真放本精微。”再转目一看，壮暮堂谢稚柳，坐在有文征明题句的红木椅上，或作画，或看书，或端坐，面对着线装本《二十四史》大书橱在沉思。每当这样的时刻，我会静静地在门口驻步：他在想什么呢？那副对联不正是他的艺术人生的写照吗：绚烂而不艳俗，平淡而不失风雅；真放而不肆野，精微之中又见大度，堂皇严正，温婉可亲。

这样的时刻很少。谢稚柳是一个喜欢朋友、喜欢谈天、喜欢热闹的人。他是无人不能谈，和谁都有话题可谈，大家也都喜欢和他谈。他常常浸淫在高朋满座的清谈的愉快之中，不只是谈书画，凡国家大事、时局动变、社会新闻、内幕消息，乃至街巷小道他无所不谈，无所不能谈。高深莫测的学问，他能谈得通俗明白；通俗明白的小事，他能从中谈出哲理及对人生的感悟。

我与谢稚柳除了这样的群坐而谈，也有促膝相对的时候。他是一座知识宝库，我是一个取宝者；他是随意而谈，我是听之有心。长谈一阵，起身告辞，我的告别语常是“读书去”！他本身就是一部书，一部历史。以史证谈，以谈证史，我的许多书都是这样读进去的。频频进出壮暮堂，不读书哪来新鲜而深入的话题？

我说谢稚柳是一部历史，此话是一点也不为过的。陆俨少曾说过：“像谢先生这样的人物，历史上几百年也出不了一个。”的确是这样。20世纪的绘画史上，和谢稚柳同时代的人物中，尽管名家辈出，高手如云，但能融会贯通地集文博、收藏、鉴定、史论、诗文、词曲、书法、绘画等多方面成就于一身的，只有谢稚柳。

谢稚柳对我是亦师亦友，感情甚笃，但我是把他当作历史来读的。感情文字常常会带来某些偏见。所以我总是以冷静的目光来研究他这部“史书”，从他的人格、操守、学识、修养诸方面研读，读出了“宽容”二字。这里的宽容和西方房龙所说的宽容还有些不同。房龙的“宽容”多少还带有宗教的色彩。谢先生的宽容是宽厚和包容，指他对人生与艺术的态度。他的生活之路可谓曾经沧海，但丝毫没有为某种社会习气所浸染，仍然有着海纳百川、高风亮节的气派。

他曾经对我说：“我年轻的时候，喜欢老年人，生活在老年人的圈子里。”他的恩师是江南名儒钱名山，新儒家马一浮和他家也有着交往。他的长兄江南才子谢玉岑长他十一岁，是张大千的挚友，由兄及弟，他在二十岁即与张大千交往。走上社会后，他所结交的是于右任、沈尹默、章士钊、冒广生……到了他的晚年，重睹这些老人为他题的画卷，他带着无限感慨说：“黄鹤远去，一些文化也随着他们消逝了。”

孔学曾说能行“恭、信、敏、惠”于天下为仁。谢先生有着仁人君子之风。

凡与他交往，地位无高低，年秩无长幼，他都能以诚相见。他的那些助人之危、救人之难的事情，常为人们尊而道之，乐而述之。

他的一位朋友叶笑雪先生，是上海市文物管理委员会首任主任李亚农的秘书，是一位饱学之士，常为李亚农捉刀代笔。叶先生为人耿直，在1957年被打入另册。谢先生以经济相助几十年。叶先生晚景凄凉，腿僵不能行路，谢先生总是要我代为看望。谢先生逝世，大祭之后，佩秋老师又问我：“你知道叶笑雪住在哪里？”我陪佩秋老师前往探望。她说：“谢先生不在了，今后有什么困难跟我说。”并以数千元相赠。

谢先生绘有《十幅图卷》，堪称谢氏作品中的上上精品，章士钊为之逐幅题咏，卷后有冒广生的长题。“文革”中被抄，由于工宣队保管不善，

在恩师钱名山的遗墨前，感慨知多少

被一个造反派拿走，后通过工宣队索回。到了“反击右倾翻案风”时，此人借机贴大字报，说谢稚柳“反攻倒算”。“文革”结束后，此人仍来谢先生家，先生依然客客气气地对待，不存芥蒂，凡有所求，无不应允。

20世纪80年代的后期，香港中文大学召开中国画研讨会，有画家说传统是绊脚石，要与之彻底决裂，对西方现代艺术要像“海盗”一样地抢回来。此言一出，与会者在会上即群起而攻之。陈佩秋说：“西方的东西可以借鉴，但中国人穿了西装却不能去掉黑头发、黑眼珠。”寓居美国几十年的收藏家、画家王己迁说：“中国人就是恨不得把头发染黄、眼珠染蓝，有些人的画中不中，西不西，像猴子穿西装。”谢稚柳在会上没发言，会后谆谆对这位画家说：“你有时也画几笔中国画，怎么好做这样的发言？”这位画家是谢稚柳的老友油画家秦宣夫的学生，谢氏仍以师道教之，无非是给人面子、与人为善的意思。

还有一位客人拿来一幅新购的程嘉燧的山水请谢稚柳鉴定，打开一看，原来是假的。客人说以四万元购进一张假画，如何得了。谢稚柳当场拿出四万元说：“没关系，这幅画卖给我吧，作为研究的资料。”后来，知情者告知他此画是客人在市场上以八百元购得，存心利用谢先生的仁厚以牟利，要代先生出面，先生不予答允。

还有一位青年朋友，新婚不久画被盗，损失数千元。二十多年前的数千元也是不小的数字，朋友新婚的妻子无法承受，谢稚柳闻讯后，即如数相赠，以求得青年朋友的家庭平安。

再有一位寿山石的销售者，也算是谢稚柳的朋友，带来一批寿山石求售。谢稚柳以数万元购得，结果发现石质参差不齐。其他朋友欲打抱不平，谢先生只是说：“他也为了吃饭嘛。”一笑了之。

书画市场兴旺时，香港一画商要包销谢稚柳的画，谢稚柳说：“你包销了，朋友要画怎么办？”婉言谢绝。在书画界，谢稚柳是以“有求必应”出名的。八年的全国书画巡回鉴定，每当一地鉴定结束，谢稚柳是最忙的，从宾馆的领导到司机、厨师、服务员……每人一张。有一次我恰好在场，他说：“几年的鉴定应酬画越画越多，也越画越坏。”他还戏言：“没办法，这叫出门不认账。”直到他病重住院化疗期间，已经是脸肿发脱，他还在病床前摆一张画桌，一次又一次地满足索画者的要求。每当见此情景，我心中都有一股感情在波动，不能再以历史的冷静来待之了。

在“文人相轻”越演越盛的艺术界，谢稚柳总自称他的职业是搞书画鉴定，绘画是业余的，与美术界稍作疏远，不涉“是非”之地。我们平时的交谈，也常臧否人物，但他不恃自己之长，不扬他人之短，在艺术上力主公道。陆俨少在被打入另册，遭劫难时，绘画艺术也湮没无闻。谢稚柳则无论是在他的绢素上题跋，还是在公开的场合，对陆俨少的绘画都给予高度评价，为他呼吁。他对程十发、刘旦宅、江兆申的绘画，对吴子建、韩天衡、刘一闻等金石家的印艺，对徐建融治书画理论之学问，无不啧啧赞允，认为他们都是自立门户、开派成家的人物。

谢稚柳的老师钱名山（振锽）

在政治标准第一、艺术标准第二的年代，谢稚柳对书画的鉴定与研究不随波逐流，不作违心之言，仍然把艺术标准放在首位。他的绘画宗尚北宋的工笔细写，但对南宋梁楷，明人陈道复、徐渭，清代的八大和石涛的水墨写意，也极为欣赏。赵孟頫由南宋入元，被视为变节投降，后人否定他的人品，也否定了他的画品。对此，谢稚柳一反时论，认为赵孟頫的画派对中国绘画先进的传统“起了存亡继绝的作用。在当时，几乎以他的宗尚为宗尚，他成了大宗师，成了主流”。中华人民共和国成立之后，着力提倡扬州八怪画派，肯定他们的绘画有“人民性”，特别是对郑板桥的推崇，认为他的竹子反映了“人民的疾苦”。谢稚柳的着眼点仍是艺术，他说：“郑燮的兰竹，刚劲而多偏笔，但格调不高。”又说：“从金农的《梅花》、郑燮的《兰竹》、李方膺的《墨荷》、李鳝的《蕉竹图》看来，也并没有与先进画派有多少离经叛道之处。”所不同只是“清代二百几十年的画派中，正如流水花谢，春事都休”了。

和谢先生在一起，很少听到他谈人生的感慨。他认为生命就是自然的一种现象，也只能顺其自然，不过人生是很有趣味的。他在二十几岁时，已经长出胡须了，他请人刻了一方闲章：“年来对镜颇有须。”“文革”期间，他的眼疾发作，又请人治了一方闲章：“老年花似雾中看。”他的诗写得很好，有了新作，即抄下赐我欣赏。也是在“文革”期间，他写了一首《夜读庄子逍遥游》：“大椿一春八千岁，蟆蛉五百岁为秋。人生数十年间事，道得朝闻夕可休。”这也算他对人生的看法吧。

他的诗大多是题画诗，不大写人生，偶尔作词，常有些淡淡的感

1948年，张大千收李秋君为闭门弟子并行将还蜀时留影：前排右起：李祖夔（右二）、梅兰芳（右三）、张大千（右四）、徐雯波（右五）、李秋君（右六）、张善孖夫人（右七）、顾青瑶（右八）、李祖韩（右九）；第二排右起：李祖同（右四）、李祖元（右六）、谢稚柳（右七）、李祖模（右十）；第三排：张德加（张善孖之女，右一）。

慨。其实，他的词比题画诗写得潇洒，意境深远。《蝶恋花·观张旭草书戏赋》下半阙云："揾发飘烟成一笑。无尽流光，总是抛人老。头上霜丝梳更少，酒痕应褪狂颠草。"《鹧鸪天》下半阙云："山万仞，路两歧，人生何似百篇诗？镜中已分皤须发，不觉秋来白到眉。"这大概都是他七十岁以前的心境。七十岁那年的冬天他是在广州过的，写了一首诗："壮心七十未堪老，自笑还来避岁寒。小住为佳花竹国，客斋自榜谢东山。"心情很好。七十四岁那年，他请人治"老冉冉兮过四"的印。也就是这一年，他开始了为时八年的中国古代书画鉴定工作，竟又忙了起来，所以他请陈佩秋写了一副对联挂在画室里，其联语云："何愁白发能添老，须信黄金不买闲。"书画鉴定组到了南京，他给我寄来一首诗《东郊宾馆席上》："鸡汤菜核如棉软，入口清松狮子头。饮啜每嗟齿摇落，老夫于此复何求？"他是一位真正的美食家，最喜欢吃的是东坡肉。在他八十岁时，我们同行去新疆大漠深处看壁画。在乌鲁木齐时有宴请，席间有维吾尔族舞蹈，他随即告诉我："你看，她那双手多漂亮，像飞天，可以入画。"回到宾馆后小谈片刻就各自回房休息了。半夜时他来敲门，说："我写了一首诗，你看看。"那首诗是用圆珠笔写在餐巾纸上的，诗云："淡淡纱衣袅袅手，凌波罗袜细腰肢。新翻古调维吾尔，赚得樽前醉眼痴。"我说："醉人青春诗，绝妙夜宴图。"他哈哈笑起来了。

直到他病逝的时候，我一直感受到谢先生身上有一股中年人的气息，但是他不以此作秀。那时，刘海粟喜欢在画上题写"年方八八"。有一次，几位老先生在一起作画，画成要谢先生题跋，并要把每位老人的年龄写上，以示珍贵。写刘海粟时，谢先生写道："年方二八。"谢先生的这个幽默，我看到刘海老面色赧然，有些不好意思。刘海老是很

谢稚柳（前排左二）与中国古代书画鉴定组成员合影

25岁的谢稚柳

谢稚柳和学生劳继雄在壮暮堂

健谈的，被人称为“狂派”，老人有许多可爱之处，据说他在吴湖帆、谢稚柳面前，“狂”劲就要松弛下来。

孔老夫子曾经感叹，“圣人”“贤人”难得见到，但是看到了“君子”与“有恒者”，也就感到满足了。哲人木坏，名士山青，但愿我们能以谢稚柳为模范，以宽容为怀，努力地学着做一个君子、有恒者，为中国文化做一些事情吧！

目录

篇之壹

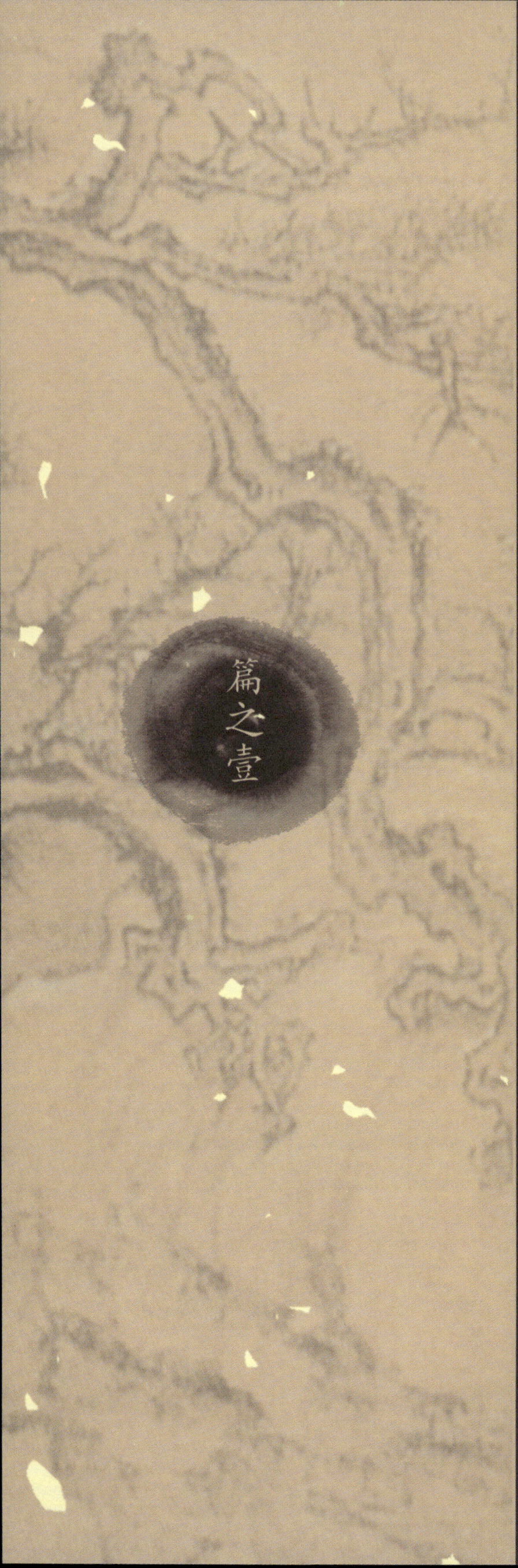

一个鉴定流派的形成

中国书画鉴定最早起源于书画的收藏与交流。因为有了收藏与交流，就出现了有场无市的流通方法，从而使书画的个体商人和收藏家建立起了关系。在我探访众多收藏家之后，发现许多玩家的书画不是从市场购得，而是书画商人送货上门的。这样，我又进一步发现，当年的文物商贩，由于经手书画很多，积累了丰富的鉴定经验，终成鉴定家；还有就是收藏家，由于他们舍得花钱买眼睛，买经验，也从收藏家走上鉴定家之路；还有就是学者，把书画鉴定当作一门学问来做，他们本人是某一方面的专家，兼为书画鉴定家；还有就是画家，由学画、临摹画、研究画入手，最后成为鉴定家的。

由于他们的经历不同，研究的方法也不同。

书画经营家和玩家出身的鉴定家，他们的鉴定依据是书画的题款、题跋、印记、纸绢材料、幅式形制、著录。这类鉴定也讲笔墨，但深入不进去。这是因为虽然或许他们也能画几笔画，但毕竟体验不深。

学者出身的鉴定家，他们重在考订文献，如画中的服饰、建筑形制、避讳文字、著录。所以，读他们的书画鉴定著述，可以得到书画以外的许多知识。

从学画、研究画而成鉴定家的，他们的鉴定方法立足于书画自身的规律，如画家的个性、时代性、笔墨表现方法等，也兼从印章、纸绢之类获取旁证材料。

谢稚柳即属于画家鉴定家。不过鉴定书画成为他的专业之后，作画写字反成为他的业余爱好了。他戏称自己是“业余画家”。

1966年4月，“文革”即将开始，谢稚柳完成了《论书画鉴别》。这是他积几十年鉴定实践的经验之谈，有着它的科学性和辩证性，在前人鉴定的基础上大大提高了一步，堪称书画鉴定的经典。这篇论文，对书画同源，对书画的用笔、个性、时代性、流派，既有历史的考察，又有哲学的思辨，透彻而深入。

谢稚柳和中国古代书画鉴定组在北京（1983）

对于谢稚柳的鉴定之学，中央美术学院美术史系教授薛永年有过这样一段评论：

不仅《敦煌艺术叙录》是我国学者研究敦煌艺术的开山之作，而且谢先生还是很早就用石窟壁画与卷轴画互相参证以说明绘画源流及其时代性的先行者。他对于唐代兴起的水墨画及其源流派别的精辟论述，既清晰地理出了美术史发展的线索脉络，又为鉴定书画者认识时代性与个性的关系指示了门径。

大学时代，我的兴趣慢慢转向书画史。当时讲授书画鉴定的老师是张葱玉先生和徐邦达先生。张先生讲书画本身和本身之外的证据，尤其是本身的时代风格和个人风格，论理深入但太提纲挈领。徐邦达先生讲历代大名家可作为标尺的代表作品，具体细致但没有多讲各家之间的历史联系。谢先生的《水墨画》还有他在《唐五代宋元名迹》一书前面所写的长文，却集中讲述了流派的因革承变。当时我就想，同样讲鉴定，张先生有点像理论家，徐先生有点像考古家，而谢先生则更像美术史家。后来我到吉林省博物馆干起书画行当之后，遇到问题虽然回京请教徐先生，但平时的积学却遵循着谢先生重视流派的路数。

上海大学美术学院徐建融教授把谢稚柳称为“实践派”鉴定家。此说朴实而精确。

郑重：书画鉴定之学是怎样产生的？为什么要有书画鉴定？

谢稚柳：因为有了书画的赝品，所以书画鉴定之学也就应运而生。赝品的产生情况很复杂，一是为了学画而临摹，临摹的作品流传下来，就真假难辨了；另一种情况纯粹是为了牟利而造假。鉴定书画，一件作品到底是真是假，是好是坏，需要解决两个问题，一是你看了一件作品，要确定它是哪个时代的；还有就是谁画的。当然这两个问题要弄清楚是很复杂的。一个画家的画风会变，一生有好几种风格，一般分成早期、中期、晚期。唐朝因为画家众多，又缺乏一定的作品，很难看出来，而像后来的“四王恽吴”、八大、石涛、沈（周）、文（征明）、仇（英）、唐（寅），这些人的作品我看得多了，所以一眼就知道它的真假，分辨出是他的早年作品还是中、晚年作品，因为有实物，有款。那为什么一定要看真假呢？现在我们国家收购这些文物，那假的东西不能作为真的将其买进。历史上几千年来都有作伪、冒充的，就需要将这些区别出来。有名款的画作你可以分辨真假，要是没有名款的呢？比如唐伯虎的画，如这张虽然没有题字落款，只要充分掌握了他的风格，依然可以看出这是唐伯虎的真迹。还有一种画，既无年份，又无名款，这种画很多，不晓得是谁画的，那么你得说明，这是什么时代的画，因为画有它的流派、格调和时代，每个时代都有自身的特点。

郑重：鉴别书画是一件综合性的工作，需要具备多种知识，也有许多标准。你为什么把书画家个性作为书画鉴定最重要的标准？

谢稚柳：这像认识一个人一样，可以从各个角度去看他，但最重要的是他个人的长相、性格特点。鉴别的标准，是书画本身的各种风格，这是它的本质，而不是某一画家的这一幅画或那一幅画。因此，它无所谓高与低、宽与严。作为一个作家，他可以创作水准高的作品，也会产生低劣的作品，这是必然的规律。问题不在于标准的高、低与宽、严，而在于对书画本身的各种性格的认识。性格自始至终是贯穿在优与劣的作品中的。如以某一作品的艺术高低为标准，不以它的各种性格来进行分析，这是没有把性格从不同的作品之中贯通起来。在鉴别的范畴中，真伪第一，优劣第二。在真伪尚未判定之前，评判优劣的阶段就还未到来，两者之间的程序，评判优劣，是在真伪判定之后，而不是之前。鉴别，这是认识。鉴别从认识而来，认识是为鉴别服务的，鉴别运用认识，当认识深化时，鉴别的正确性才被证实了。

郑重：那么，如何来认识书画的真伪呢？

谢稚柳：真伪的关系，可以说伪是依附于真的。不能认识真，就失去了判伪的依据。真的认识了，然后才能判伪；认识始于实践，先从实践真的开始。

谢稚柳、杨仁恺和鉴定组从长春至沈阳道中（1988）

郑重： 什么是书画家个性？如何把握一张画或一个书画家的个性？

谢稚柳： 书画家的个性表现在用笔上。中国书画的用笔，有一种说法叫“书画同源”，是指书法与绘画同出一源。首先是两者的工具差不多，都是用毛笔，另外都讲究笔法，讲究线条，如在用笔方面要讲究“屋漏痕”“锥画沙”。人们常把笔力功夫到家称为“屋漏痕”“锥画沙”，还有“折钗股”。什么意思呢？这是指我们用毛笔画一根线条是要通过刻苦练习，不是提起笔来就能画的。所谓“屋漏痕”，是指一根线条在纸上画出来，应当像从屋檐上滴漏下来的水，流到墙上而形成的一条痕迹那样，给人的感觉是很饱满的，滚圆滚圆的，所以叫“屋漏痕”。“锥画沙”则是指像用锥子在沙里面画一样，显示出它的力量，以此来表现用笔的力度。这些都是比方，是指用笔，也是用笔的基本原则。不同的画家用笔都会不一样，这里还可以举个古代的例子来作为证据：郭熙和范宽，至少有二玄社的复制品可以看到，每个人的作品，它的用笔都是“屋漏痕”“锥画沙”或者“折钗股”，都是通过这些表现出来的。他们两人水准一样，但在画面上体现出来的形体、本性都是不一样的，你是你的“屋漏痕”“锥画沙”，他是他的“屋漏痕”“锥画沙”，都有自己的个性。所以郭熙是郭熙的风格，范宽有范宽的个性。一笔画下去，它所体现出来的风格、个性，这就是最基本的东西。石涛的《画语录》里有《一画章》，是《画语录》开头的一节，讲了很多天花乱坠的话，让你看不懂，事实上他讲的是“千里之行，始于足下”的道理，你在一张画中可以看出来，都是一笔起头，一步一步，画成一张画。你要把它看得入木三分，真正看到画里头。

不论山水、人物、花鸟等画科，它的风格如何是拿笔的主使，为笔所产生，因而，个人风格的认识，是以笔的性格为基础的。

展子虔《游春图》（局部）

郑重：经常听你评说这个画家的笔墨很好，那个画家的笔墨不好，石涛又说过笔墨当随时代。笔与墨指的是什么？

谢稚柳：书与画是用笔和墨来表达的，是形成书与画的基础之点，是书与画重要的表达形式。笔墨的高下是评价中国书画艺术的标准。

所谓笔墨，就是笔法与墨法，笔墨这个名词起于五代荆浩，他曾经评论唐吴道子与项容的画笔，他说："吴道子有笔而无墨，项容有墨而无笔。"这讲的是笔墨配合的问题，要笔墨并重。

中国的绘画，开始是着色，所用的颜色，全部是矿物质，后来称之为"重色"。从唐到五代，山水画蓬勃发展，在色彩方面，转到了纯用墨色，以墨分五彩来代替杂彩，从而引申到人物、花鸟方面。墨笔画的表现，在绘画艺术天地里，开拓了广阔的境界，在有笔与无笔、有墨与无墨时，这个"有"与"无"，并不作字的本义解，而是指运用笔墨方法的妥善与否，指的笔与墨在描绘的相互关系上所起的艺术作用如何，是居于主要地位的。传统的名作，它的艺术地位，正是从笔精墨妙而获致的。中国画的传统是讲究笔墨，我们说一张国画的好或坏，就是讲它

韩幹《牧马图》

笔墨的好坏。几十年来，我们讲这张画画得好，就是指它的笔墨好，不好，就是指笔墨不好，这是个基本原则。比如讲，我们做张假的古代名迹，赵孟頫的《调良图》，照它临一张，用纸把它蒙着画，稿子与赵孟頫的一样，但你的画就没有他的好，或者一看就不对，什么道理呢？你的笔墨风格不对，不是赵孟頫的笔墨，这个就是主要区别。我们看画真假就是看笔墨的，所以好的、坏的、真的、假的有个范畴。这个范畴就是这个时代里面的这个人，这个作家个人，把一张一张作品、一个一个作家、一个一个时代弄清楚了，总结起来，就是一部绘画史。

在传统的艺术作品中，各个时代，各种流派，包含着千变万化、各种形体的笔与各种变化的墨。这些笔和墨，形成了千种流派，万般风貌，曾为艺术表现贡献了主要作用，这里谈的是笔与墨，着色也同是一个原理。

郑重：二十世纪五十年代，你为上海博物馆收购孙位《高逸图》。孙位的作品只此一件，没有第二件可作鉴定的参考，你是怎样来判断这件作品是孙位的？

谢稚柳：这里要给你说说绘画史。据绘画史，中国的人物画，东晋顾恺之的作品是划时代的。当时谢安曾称说他的画笔："自苍生以来所未有。"中间经历了约三百年，发展到唐代，通过了传统经验的积累、观察体验的深入和艺术创造的演进，深刻而健美的形象表现才开始集于大成。

描写《职贡图》的阎立德与《秦府十八学士图》的阎立本兄弟，是唐代初期的两位杰出人物画家，在当时的画坛起了很大的作用。然而为历来所公认的，是唐玄宗李隆基时的吴道子，他的新兴独特的创作风格，即所谓"吴带当风"的风格，是超越了前代一切流派的。他的"磊落挥霍如莼菜条"的行笔、轻拂丹青的色调和体察精微的形象表现，所建树的艺术，使他成为前无古人的一代宗师。北宋米芾说："唐人以吴集大成而为格式，故多似。"可见吴道子以后的唐代人物画，大概以他的画派为依归了。

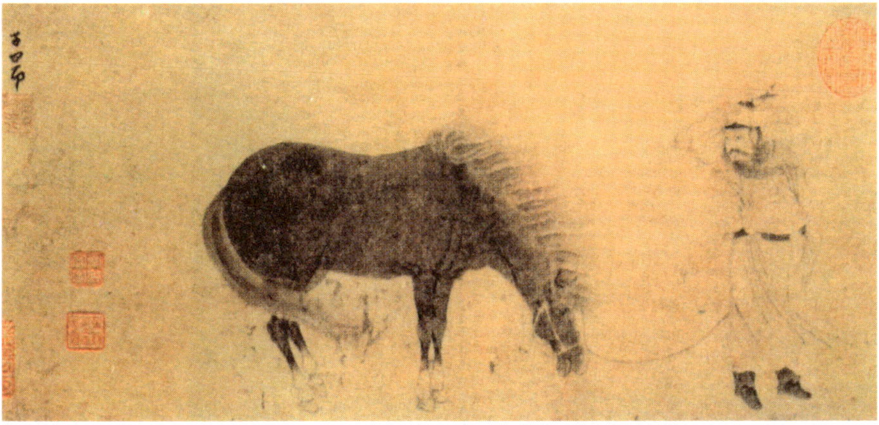

赵孟頫《调良图》

孙位《高逸图》（局部）

我们知道，孙位是晚唐的画家。他所写《高逸图》，历史上对他的画派出于何人，并无说明，我们通过作品的辨认，也无从指出它确定的渊源所自，试与其他唐人的画笔来比拟，也找不出与他的这种风格有多少共同之点。不过，从这幅图所表达的人物形象来看，从头到四肢，透视的准确，体态的生动，这种概括与扼要的表现方式，简淡而凝重的色调所显示出来的精微而传神的描绘，可以推断是基于吴道子的艺术成就而加以发展的表现，与阎立本的表现方式有更大的距离。对人物面部所用的技法也有所不同，有了新的变化，这种概括性是更接近于现实的。至于他的行笔，刚劲而有些带方折的线条，显然已不是“磊落挥霍”的情势。这已是中唐以后，在写实上的变革与扩展，从这里更可以看出画派的时代风尚和艺术的趋向了。

郑重：你这是从人物画的流派及时代风格上判断《高逸图》是晚唐的作品。山水画的鉴定是否也是如此？

谢稚柳：山水画，在唐代李思训、李昭道、吴道子、郑虔、王维之后，进一步发展的是五代的荆浩、关仝。而李成、董源、范宽这三家在北宋初期是划时代的人物，乃后学所仰望的宗师。后来的画派，有“不入于杨，则入于墨”之势，都是从这几个画派流衍而来。当时在北方，李成的画派风靡了齐鲁，范宽的画派领导着关陕，江南是董源的领域。李成画派从荆浩、关仝中来。而董源的画笔，据北宋米芾说是“平淡天真，一片江南景”，是“唐无此品”的。

北宋巨然的《万壑松风图》，正是董源的一系。巨然“祖述董源”，久为历史所称说，正是一脉相承北宋所称的“江南画派”。

郑重：你还编了董源、巨然合集，是否因为他们有师承的关系？

谢稚柳：是的。而且我开始学画山水时，第一次临摹的是巨然的《秋山问道图》，我对巨然有所偏爱。在此之前，对巨然的风格到底是什么样子，从未见过。后来，看到他的《秋山问道图》，仔细辨认，觉得巨然这幅画“意在言外”，达到了北宋的美学高度。那时我二十七岁，从花鸟画开始向山水画转变。

郑重：你在1982年编《董源、巨然合集》，此时你已经七十二岁了，是否对巨然有着难以忘情，带有旧梦重温的味道？

谢稚柳：可能是这样吧。我为画家编全集，第一本就是《董源、巨然合集》，曾被推为真笔的八幅：《秋山问道图》《溪山图》《万壑松风图》《山居图》《层岩丛树图》《萧翼赚兰亭图》《溪山兰若图》《湖山清晓图》，我认为前四幅才是巨然真迹。在前四图中，《秋山问道图》最为著称，推为巨然画的典范，以此图裁定其他三图，风骨性情，纯属一致，同出一人手笔。

郑重：我记得你还画了《万壑松风图》，看法有些改变。

谢稚柳：后来，我进一步研究巨然的画，发现他的《万壑松风图》有独到的妙出，此图与其他诸图皆同一面貌，但是在《万壑松风图》中，苔点系以运笔焦墨信手散落，就感到《万图》的艺术性在其他诸图之上。特别是巨然用泼墨直点，尤为奇绝。

郑重：陈佩秋老师还赞扬你“观察古画之精，真是洞察秋毫”呢。

谢稚柳：这是她的捧场真话。捧场还能讲真话，太不容易了。

郑重：请你继续谈北方画派。

谢稚柳：在北方，李成较范宽的画派更为盛行。从米芾的分析中，我们可以知道李成秀润的笔墨，灵动的峰峦，泯灭的烟景，它的情调，它的美感，比范宽浓厚的墨韵、突兀的气势所表现的骨体，更要受到一般学者的爱好。但李成的画笔，今日已不能再见。要论他的画派，也只有从绘画艺术的时代特征入手，了解这个时代内每个作家的个人风格，它是什么样子，又会演变成什么样子；它的早期是什么样式，后来又是什么样式，总的下来，形成作家的个人风格。而在这个特定的时代里面，有多少人把各自不同的风格汇集在其中，尽管你是你，我是我，画风各有不同，但都是属于这个时代里的东西，有它的共性，绝不会混同于其他时代。李成的传人是郭熙与王诜，我们只能从郭熙的《幽谷图》、王诜的《渔村小雪图》等来认识李成。王诜较郭熙更接近李成，

王诜《渔村小雪图》（局部）

是系无旁出的。王诜的尖俏、爽利的笔势，正是李成的“毫锋颖脱”，《渔村小雪图》里的松针也正是李成的松叶如“攒针”。我常常对别人这样说，我们平常看见一个很熟的朋友，他的眼睛、鼻子、嘴，你都很熟，假如他在戏台上演戏，化了装，饰演个大人物，但你还是认得出他是你的朋友，他还是他。这样解释或许人家也容易理解。看画也就是这样，看它的艺术气质，作品所体现出来的风格。那什么又是风格呢？我再来作一个比方。一个人从外面走进来，他看上去流里流气的，让人讨厌，你感觉他流里流气，那他的眼睛、鼻子、嘴和我们有什么两样？主要是他的气质流里流气，因为他的气质低，他的格调不对，这个我们都看得懂的。同样，绘画也是这样的，每个人都会有他不同的风格。

郑重： *清朝《石渠宝笈》把《宫乐图》定为元人的作品，你定为晚唐的作品；被历史定为唐人周昉的《簪花仕女图》，你鉴定为南唐的作品。你的鉴定依据就是绘画的流派及时代的风格吧？*

谢稚柳： 我认识这张画（《宫乐图》），是去了敦煌回来以后，认识到这张画不是元朝的，它是晚唐画。唐画，我们依据敦煌壁画可分成初唐、盛唐、中唐和晚唐。这个是很明显的。就拿后来出土的俑来看，从开元、天宝那个时代开始，是又胖又肥，而在此之前，初唐的俑是又瘦又长。上自画家创作的仕女画，下到工匠们制作的俑，它所处在这个时代，风气所使，连这个都变，很奇怪的。在盛唐以前的俑都是瘦的形式，而盛唐之后，包括绘画作品，所做的俑完全是一种胖的形式。像这种东西，我们也可以拿来作为证据。当然，你要去实践，否则你就不能分析。那些出土的唐朝俑，只要它是女的、胖的，它的服饰打扮也符合盛唐或盛唐之后的时代特征的，那就是那个时代的，如果是瘦一点的，就是隋、初唐的。这个我们看惯了，拿来一看就知道。而论艺术性就是讲它的表现艺术，内在的表现风格。只有了解了这张作品的艺术性、表现风格，你才能说明这件作品是属于这个时代的。

《簪花仕女图》是一件非常杰出的作品，但说是周昉的作品，那是后人配上去的。这样好的一张画，“爱之欲其生”，总要找个大名家配上去吧。周昉是唐中期长安人，善于描绘贵族妇女和佛、道教画。他曾为郭子仪的女婿赵纵画像而描绘出了“神气”与“性情”，当时的声望是很高的。历史上评论他的画是“颇极风姿”“秀润匀细”，都是朦胧而约略的叙说。这张画是不是周昉的作品，不是主要的问题，主要的问题在于它的时代性。也就是《簪花仕女图》描写形式的艺术风格，在唐代的绘画中还没有能找到类似的例子。

至于图中妇女们的那些装束、打扮，是非常新奇的，显然是贵族妇女们所特有的。这种特有的装束、打扮，从隋唐以来的实物中，就现在所发现的，也没能找到与它相同的形象。图中妇女中的那种“高髻”，与此同样的有两个例子。一是敦煌藏经洞所出，盛唐画《引路菩萨》下面的那个女子；二是南唐二陵出土的女俑。这两个高髻上后者没有头饰。陆游《南唐书》记载，说李煜的大周后“创为高髻纤裳及首翘鬓朵之妆，人皆效之”。李煜吊大周后的诔文，有“高髻凌风”之句。这些记载对照图中妇女们的装束、打扮，如戴着头饰的高髻，就有了一定启发。《簪花仕女图》的后段还描绘正盛开着的辛夷花，妇女赤身着纱衣，显示着和暖的天气，这种景象只有南方可能，在北方绝无此事。

《簪花仕女图》的艺术表现，从它的描绘而论，恢宏的气概，雄健的笔势，风骨情柔，已不是唐，但还不免有较浓的唐代气氛。而特别显示相异之点的在于面部，在于眉、眼、嘴角和手等的描写形式，这与唐人的习性已截然不同，流露出另一种特有的艺术形态。

郑重：所以你就写了一首诗：“辛夷花烂春之热，鬓朵新装露雪肤。南唐风物凭君识，那得宣州长史图？”把它定为南唐的作品了。

谢稚柳：是的。

郑重： 传为李成的作品还有《乔松平远图》《晴峦萧寺图》《茂林远岫图》。你对三图的看法如何？

谢稚柳：《乔松平远图》和《晴峦萧寺图》都传为李成的，前一图还有“李成”的款，其实是伪加，都是宋画。当然属于李成这一流派。《茂林远岫图》过去都明确是李成的作品，清内府旧物，曾被溥仪盗往伪满。1962年，我到沈阳鉴定时看到这张画。看了原作之后，我产生了想法，看来是在距离李成以后不太远的时候就被确认是李成的画笔。此画在北宋就为吕夷简的第三子吕公弼收藏。到了元代，倪云题为“类荆浩晚年合作”，不承认是李成的画笔了。荆浩的画笔我们也看不到了，但我们可以从范宽的画笔中来认识荆浩。《茂林远岫图》之于范宽，绝没丝毫纠葛的地方。说它是荆浩，就更显得可疑了。我认为，《茂林远岫图》既不是荆浩的，也与李成无关，而是燕文贵的画笔。

郑重： 这里请你要谈得具体些。

谢稚柳： 传世的燕文贵的作品，就所知道的有四图。一、《溪山楼观图轴》；二、《江山楼观图轴》；三、《溪风图卷》；四、《烟岚水殿图卷》。此四图的风貌是同一的。《溪山楼观图轴》有燕文贵的题款，作为认识燕文贵的画派，一向被认为是标准。如果《溪山楼观图》与《茂林远岫图》相互引证，完全可以发现两者之间的共同规范、一致的性格。论其山的形及其皴法，树木的形及其描法，水边的石及其铺陈，流泉的形及其墨的运用以及屋宇及其安排，无一不显示着出于一手的迹象。特别要指出的，在这些画中，毫无例外地在水畔安排着华美的台榭楼阁，这在宋代各个画派中是独特的表现形式，当时被称为“燕家景”。这一称号，意味着他所表现的艺术特性。

佚名《宫乐图》

周昉《簪花仕女图》（局部）

郑重： 1985年，美国纽约大都会博物馆举办“中国的诗、书、画国际研讨会”时，你去参加了，并提交论文《屈鼎夏山图之诗意及其艺术渊源》，论文中谈到燕文贵，你说当时被推许“景色万变，观者如真临”的“燕家景”，都不在范宽之下，而屈鼎正是“燕家景”的继起。你对《夏山图》的描绘说：“它的特异之处在于千峰百转，烟岚云岫，远水近山，庭阁台榭，茂树深林，令人有‘可望’‘可游’‘可居’的感受。”看来你是很欣赏《夏山图》的。

谢稚柳：《夏山图》在《石渠宝笈续编》中就有著录为燕文贵的作品。说这卷是燕文贵的画笔，相传已久，看来在明代以前就已经如是定名了。直到此卷进入大都会博物馆，方闻教授始做出是屈鼎的画笔的鉴定。在北宋学燕文贵画派而见于记载的，也只有屈鼎，《宣和画谱》中并记载有屈鼎《夏山图卷》。最巧妙的是《夏山图》与《茂林远岫图》具有绝对相似之点与相异之处，就是说《夏山图》的形体铺陈，与《茂林远岫图》可谓“波澜莫二”，而它的描绘形式，不无类似，然而还是大有出入的，因而形成了艺术风格的出入，两者显示了流派的创立与继承及先后的从属关系。

从对徐熙《雪竹图》的争论看两种不同的鉴定风格

1954年，谢稚柳在《水墨画》一书中，有一节谈到徐熙的落墨；1957年在《唐五代宋元名迹》中，对一幅《雪竹图》提出是徐熙落墨；1973年又写过一篇《徐熙落墨·兼论雪竹图》。1983年，香港中文大学主编的《艺与美》第二期，刊登了徐邦达的《徐熙落墨花画法试探》，针对谢稚柳有关徐熙落墨法和那幅《雪竹图》的论证。谢稚柳本着“对历史的严肃性”，写了《再论徐熙落墨——答徐邦达先生〈徐熙落墨花画法试探〉》。

谢、徐两家对“落墨”二字的不同理解且不管，徐邦达驳谢稚柳是以“绢”来论证时代性的问题，这是谢稚柳的文章中所不曾提及的。谢、徐两家不同的鉴别流派恰恰是在这件事情上表现出来。

（传）李成《乔松平远图》

屈鼎《夏山图》

徐邦达的文章写道："徐熙是五代时人，那时画绢的门面阔度，一般不能超过六十厘米以上（这是我们用许多两宋画来对比之后得到的结论）。此图阔约一米，是独幅绢，那起码要到南宋时期才能见到，凭这一点，至少不能承认它是南宋以前之物，是无可争辩的，我以为此图早不过南宋中期，晚可以到元、明之间。"

谢稚柳反驳的文章写道："徐先生'不迷信旧说'，却迷信于绢，以绢来评定画的时代，这说明绘画是不可认识的了，要认识只得靠绢。不'凭这一点'，就双眼茫然。那么，只要绢是六十厘米的绘画，都是两宋或宋以上的绘画了。宋徽宗的《草书千字文卷》的长度为11.721米，在今天的两宋书画中，见过第二张这样长的纸吗？鉴定这卷《草书千字文卷》是靠的纸，还是根据的书法而后论定的呢？"

谢文说：“这幅《雪竹图》很不幸，没有依照徐先生所说的是‘独幅绢’，而是双拼绢，还不到六十厘米。这样，从不认画只认绢这一事实来说，对《雪竹图》单‘凭这一点’不知还足以为‘凭’否？”

谢文说：“还是回到绘画本身来说，绘画之至者是风格，所以形成风格是一幅画的整体，所以形成画的整体的是技法，所以形成技法的是笔墨。因此，不能认识历代的绘画，就不能认识一代的绘画。何以故？一代有一代的各种风格，汇而为一代的时代风格，可以看出这一代的绘画，不能为那一代所有；那一代的风格，也不能为这一代所有，每一时代的风格有别。不明白这个道理，就可能任意把这一时代的画看成那一时代的画；可能把近的看成远的，远的看成近的。所以必须要理解历代的绘画，才能理解一代的绘画。否则，就可能把一幅画，早可以看到南

燕文贵《茂林远岫图》

（传）李成《晴峦萧寺图》

宋，晚可以到元、明之间，把一幅画的风格跨越了三个时代，还有什么时代风格之可言呢？安心于著录、印章、纸绢等的重围，就不能豁然去认识画派的个人风格与各个时代风格。拿一些非主要的旁证，引以为解决纷繁画派的主要手段，不从研究绘画艺术本身去找寻规律这一正道，就只觉其是，看不到其失，若凭此来认识绘画，真所谓舍正道而弗由了。”

从这段争论中，我们可以从中领略画家出身的鉴定家和经营书画或学者出身的鉴定家，两者鉴定风格的不同。同时，我们也可以从字里行间感受到当今谢、徐两大鉴定家的风采。

伪作难逃慧眼

郑重： 你两次参加全国巡回鉴定，流派研究在鉴定中有没有发生作用？

谢稚柳： 这种事例是很多的。有些画家的绘画风格，原来不知道是哪里发展过来的，通过巡回鉴定，看到的作品多了，这样就可以比较，找到一个画家画风的来龙去脉。袁江、袁耀在扬州画派占很重要的地位，但又与扬州画派其他画家不同，画法自成一家，但不知他们画风的继承关系。

还是在天津鉴定时，天津艺术博物馆有两幅李寅的作品，我们小组进行研究，年代较早的那一幅，画法纯师蓝瑛，连题款都很近似，另一幅较晚，其画法的风格很近于二袁。李寅也是扬州画派中的画家，他的年岁比“二袁”要大。这样我们才恍然大悟，袁江、袁耀的山水风格来源于李寅，而“二袁”初师蓝瑛，后来形成自己的一种风格，这种风格又为“二袁”所接受而发扬，遂成为今天我们所习见的袁江、袁耀一派。又如金陵八家中的龚贤在金陵画派中他画得最好，在清初独树一帜，别具风格，但对他的渊源亦不甚了然。这次在辽宁博物馆看到一幅蓝瑛的山水，其树法，很与龚贤接近，因此我们了解到龚贤的山水，也曾经受过蓝瑛的影响，从而脱胎开创的。扬州画派，除萧晨画宗仇十洲外，其他大都出于蓝瑛，再加上金陵八家之龚贤类蓝瑛，足见当时江浙之间，蓝瑛画派影响之大。

篇之贰

开拓敦煌壁画学的研究

1941年5月，张大千率夫人杨婉君、次子张心智赴敦煌。张大千本来准备到敦煌走马观花，流连三个月即回成都。但是，当他走进莫高窟，即被古代绘画及彩塑所惊倒，遂决定将观摩时间由三个月改为半年，半年不够，再往后延长。

敦煌的艺术之美，张大千要与朋友分享。他写信给谢稚柳，邀请他到敦煌去。此时，谢稚柳正在监察院当秘书，每月和于右任、沈尹默、章士钊等老人生活在一起，优哉游哉。要去的话，首先要向监察院院长于右任请假。再者，徐悲鸿邀请他到中央大学美术系当教授，他已答应。谢稚柳把张大千要他去敦煌的事说给徐悲鸿，徐悲鸿说："你去好了，你的课我给你上。"到中大当教授也要辞去监察院的职务，谢稚柳没有向于右任请假，就到敦煌去了。还是后来于右任到敦煌视察，到莫高窟看张大千，才发现谢稚柳也在那里。

原来，谢稚柳来时并未打算长住，一是为了猎奇，看看壁画是什么样子，二是为了看看久别的张大千在这里的生活情况。不料敦煌壁画，使他一见倾心，留下来不走了。不过，谢稚柳没走张大千临摹壁画的路子，而是对敦煌壁画进行学术研究。他自己用土法做了一把尺子，每天进洞窟测量壁画的面积，记录壁画的内容，抄写壁画上题写的文字。

窟内壁画，铺综繁密，要仔细无遗地记下它们的部位，很难做到，特别是佛窟的文字，诸如"发愿文""题记""题名"等，由于年代久远，剥落残缺，大半都隐约不清，抄录更加困难。谢稚柳采取了谨慎的态度，实在看不出的文字，都用一个个方框表示，而不愿杜撰。这是一个艺术家严谨的治学态度。

最使谢稚柳感到为难的，还是那些反映佛教生活的"经变"之类壁画。他不懂佛经，更弄不懂画的是哪个故事。

为壁画断代找到“标准件”

郑重：你初到敦煌时是一种什么样的感觉？

谢稚柳：莫高窟千佛洞是坐西朝东的，只有上午有阳光时，才能看清洞中的壁画。下午阳光西下，石窟就暗下来。所以在那里的工作是上午进洞测量记录，下午除了偶尔有客人来访或有时骑马在沙漠中狂奔一阵外，主要是在整理记录和考证工作中度过的。刚到敦煌的半个月内，看了壁画，我感到万象纷呈，眼花缭乱，如同置身于艺术的大海里，去过所看到的只不过是沧海一粟。所以张大千问我看了洞子感觉如何，我说还没有看懂。他说他刚来也是这个样子。壁画上的一切都是过去宋元绢本上看不到的，更是在明清纸本上所不能看到的。从北魏到赵宋，绚丽高华的千壁丹青，对中国传统绘画艺术的变迁和盛衰之迹，在这里是唯一的、有系统的展示。

握着大风堂选毫，寻找与张大千敦煌探艺的回忆

郑重：你当时还没有专职于书画鉴定，而是正在进取中的青年画家，为什么没有像张大千那样搞壁画的临摹，而是搞测量及记录壁画内容的研究工作？

谢稚柳：张大千去敦煌是有准备而去的。他请了青海四个画画的喇嘛和他的子侄门人等，在那里进行大规模的壁画临摹。这无异是一个组织，凡制布、制笔、制色以及临摹、赋色等从头到尾都是在张大千指挥下紧张地进行的。

我和张大千虽然是很好的朋友，但不愿追随他走同一条路，我的这个性格你是了解的。我本来只是想去玩几天就回来，但到那儿以后，我被壁画吸引得不想回来，所以就独自一人进行着石窟的调查，从石窟的洞门、甬道、四壁、佛龛，度量了高低尺寸和各个方位的佛画，对供养人像与发愿文、题记、题名以及塑像等做了详尽的记录。我记录的石窟共309窟。先是张大千已为石窟编了号，很自然，为了便利，我只能采用他所编的窟号。

谢稚柳与徐雯波、秦孝仪等在张大千的摩耶精舍（中为张大千蜡像）

郑重：你的这种测量记录是否可以视之为具体工作，别人也可以做的？这与临摹相比，你感到哪种收获大？临摹对你的绘画是否会有更大的帮助？几十年后的今天，再回过头来看看你当时所做的事，有没有后悔之感？

谢稚柳：怎么会后悔呢？不但不后悔，还感谢那段时期的工作对我走上书画鉴定之路的帮助。莫高窟的壁画从北魏、西魏到隋唐、五代、宋初都有。何以论定它为各个时代的画笔？首先依靠的是文字、纪年、题记或题名。这些都是考定壁画的先决条件。因为除此之外，我们再也看不到这些有系统的画笔来资佐证了。而每一个时代，又有它的先后期之别。如隋，开皇与开皇以后有别。唐，初唐、盛唐与晚唐有别等。如记录第190窟北壁下男供养人像第三身时，隐隐约约地看到题名，因为蒙上灰尘，不大容易辨认出来了。我掏出手帕，轻轻地擦去灰尘，“幽州总管府”几个字清晰地呈现在眼前。这个“幽州总管府”的主人是谁？张大千带来了一套《资治通鉴》，我借来查敦煌的政治沿革：隋炀帝（杨广）大业元年（605）废诸州总管府，至唐高祖（李渊）武德元年（618），边塞要州复置总管，武德七年（624）后，复改总管为督，此窟的题名当是在武德元年至七年间的事。有了第190窟的壁画的画风为准，就解决了一批壁画的断代问题。如第20窟之供养人像定为唐天宝五载至十四载间，也是根据壁画上题的文字来定的。这一切都在我的那本《敦煌艺术叙录》中做了详细记载。

发现壁画史链条上的缺环

郑重：以文字记录来为壁画断代，这种壁画每个时代的画风变化是否一致？

谢稚柳：基本上是一致的。但也遇到了一些问题。在断代问题解决之后，接着又发现久久难解的壁画史链条上缺了一环。当我把第190窟和第94、96诸窟比较时，发现了一个问题：隋朝自文帝（杨坚）开皇至越王（杨侗）皇泰（581—619）先后四十年，为时不长，画派初承西魏，唯骨体稍圆。而开皇以后的第94窟（开皇四年）、第96窟（开皇五年），画风则凝厚纯正，肆野之气已绝，温婉之风渐生。自唐武德（618—626）以后，画派郁起，风规灿然，延及开元（713），将及百年间，唐代壁画达到高峰。武德年间与开皇以后，陶染所凝，风沿波接，区别很小。

为什么从隋开皇到唐武德短短几十年间，画风突然有个飞跃的变化，中间没有过渡阶段，这在绘画发展的规律上是不可思议的。我感到，这里似乎缺少一环。为什么会这样？百思不得其解。

谢稚柳仿敦煌壁画

在以后的书画鉴定中，我以绘画流派来进行断代，这也是在敦煌壁画研究中就使用的方法。

郑重：对莫高窟壁画各个时期的流派特色，能否做一概括性的介绍？

谢稚柳：敦煌壁画各个时期的画派风格，可以归纳为这样：

西魏窟顶之禽、兽、神、怪等生动率野，以论其笔，妙在奔放，而短于敦厚。其敷彩，富于艳冷，而啬于温缛。其状物，夸张取势，不无过当，然其风格，因清空放荡，矫健有余。

北魏已启西魏之风。北魏、西魏，所不同者，北魏乏西魏之劲爽。北魏有质朴之意，西魏入矫诞之境。

隋自文帝开皇，至越王皇泰，画派初承元魏，唯骨体稍圆。开皇以后，则凝厚纯正，肆野之气已绝，温婉之风渐生。四十年中，神采气质之间，与元魏卓尔殊途矣。

自唐武德（618—626）以后，画派郁起，风规灿然。逮及开元（713），将及百年间，骎骎乎入于无极矣。武德年间与开皇之后，陶染所凝，风沿波接，区别尚微，武德以后，日趋雍容，清新华贵，惊采绝艳，俱尚壮美，一洗元魏清癯之风，堂皇绚烂，得未曾有。武德之后，天宝之间，渊穆凝厚，风骨高华，终唐之世，遂为独步。肃宗时，风雅顿歇，间有佳者，然风骨情采，日就微弱矣。自德宗建中二年（781）以后，就其妙制而论，其毛病也外腴而中疏，文高而质虚矣。

五代之作，风规槁木，情采死灰，自怜以下。然而，经变诸作，犹能经营巨制，力虽不胜，尚思奋飞，但已局促于晚唐以后，翱翔于赵宋之前。

宋初法体，与五代性质风接，流派未泯，五十年间（907—959），附声攀响，犹堪接武。供养人像清新俊逸，亦难能矣。其后复有千佛、菩萨之类，则千百类同，俱出于模印。

莫高窟·第285窟东壁壁画《说法图》（西魏）

莫高窟·第249窟北壁壁画

《狩猎图》（西魏）

补上壁画史的一个缺环

郑重：晋代大画家顾恺之、初唐大画家阎立本及中唐被称为画圣的吴道子，他们的画风在莫高窟壁画上有没有反映出来？或者敦煌壁画有没有影响他们？

谢稚柳：前面已经谈了，当年在敦煌考察莫高窟壁画时，遇到一个极为苦恼的问题：对隋末唐初画风的丕变，骤然与两魏绝缘，如无源之水，茫然不得其解。在《敦煌艺术叙录》中，我产生了这样看法：从北魏到唐，中间的隋，短短四十年，起了过渡时期的重大作用，它轻轻结束了矫诞夸张的格调，导引了唐的气度雍容、中和真实的作风。唐的艺术是集大成了。从武德到天宝为止，一系列的壁画，好像花一样，清楚地看着它从含苞到盛放，快极了，真有一日千里之势。在唐初画坛上，图画《秦府十八学士》的阎立本，起了领导的作用。到盛唐，在大同殿写三百里嘉陵江山水的吴道子，起来代替了阎的地位。从初唐到盛唐以后，后起的画家，“不入于杨，则入于墨”，阎和吴的画派，前后分别占了当时的艺术领域。莫高窟唐代的壁画，到盛唐为止，从它的流派来分析，其源盖出自阎立本，与吴道子的所谓“吴带当风”，似无甚关涉，阎立本唯一流传下来的《历代帝王图》可以证明与莫高窟这时期的壁画风格，是颇相符合的。

石窟自元魏到隋开皇的壁画而论，这一时期的画风，都可以看出前后的渊源关系，隋开皇以后至唐，画风的丕变，在石窟壁画上，就完全看不出它的演变之迹，看来，自东晋顾恺之画派确立之后，笼罩了整个绘画艺术，石窟自隋开皇至唐的画风，已完全脱离了传统格体，而接受了顾恺之画派所新兴的风貌。顾恺之的《女史箴图》和南京西善桥南朝墓出土的砖刻画《竹林七贤》这一体貌，到隋开皇以后，也传到了莫高窟的壁画上。这些都是我当年整理《敦煌艺术叙录》时所产生的想法。

1981年，笔者在山西太原采访，正好看太原南郊的北齐娄睿墓墓葬壁画，我拍了几张黑白照片送给谢稚柳。他看了很振奋，说这个墓的壁画很重要，可惜看不清楚，能不能搞到清晰的？1983年，他从《文物》杂志上看到发表的娄睿墓葬彩色照片，后来又从山西考古所得到更多的资料，写了《北齐娄睿墓壁画与莫高窟隋唐之际画风》一文，文章写道：

近年山西太原南郊发现了北齐（420—589）娄睿墓，经过发掘，出土大量的随葬品，墓壁全部绘有壁画，除一部分已经漫漶，大致都尚完好，而尤以墓道西壁之《出行图》色彩行笔如新。以绘画而论，这是重

阎立本《历代帝王图》（局部）

要的发现。

墓主娄睿，出土墓志：是北齐的外戚，高祖高欢妻子之兄子。初为高欢帐内都督，旋迁至骠骑大将军。后主高纬武平元年（570）卒。追赠太宰、太师、太傅、开国王。

这一墓葬壁画的发现，揭示了魏与北齐之间画派出人意料的不同。北魏与北齐，时期是衔接的，如果来两相检校其差异，从行笔到形体，北魏、西魏是率野放荡、夸张过当，以及色调艳冷；北齐则突然与之分道扬镳，几乎是不可思议！

以娄睿墓墓道西壁的《出行图》来辨析它的描写宗尚，高度的写实，所有率野放荡夸张的表现已荡然无存，人物的面部都比较长而丰满，这几乎是它的特征。眉眼口鼻或须面外，没有更多的一笔。双骑武士，那宽袖的皱折，用连续屈曲的线条一笔而下，突出地显出写实的巧妙，仅仅一笔，概括了衣袖这一倏忽的动态，是新奇的表现。自描写人物以来，艺术的形象思维，被注意到这一角度，为前所未有。这是一种完全新的写实手法，用笔劲爽，有时尖锋直下，灵动而潇洒，因而使整体艺术形象饶有一派清高而流畅的气质，令人蓦然相识北齐画风的剧变已至于此。从而想到敦煌莫高窟壁画，直至隋开皇，始终与元魏的风规了无二致，而开皇以后至唐，突然改弦易辙与元魏绝缘。试从娄睿墓的画风来引证，莫高窟这一时期的壁画，是与之有所呼应的。

以论莫高窟隋唐之际的壁画与娄睿墓壁画之间的异同，不在于形体风格而在于描写的繁简。北齐简而唐繁一些，衣纹的表达，唐已不用屈曲的描绘而归结于直线而圆转的行笔，不用尖锋，面部的线条加多了。至于马，也与唐的描写手法和风格一致，但也有不同，如马头，则唐深刻，形神周到，描绘的手法丰富了。总的艺术情调，北齐灵动，而唐凝重，北齐清高潇洒而唐敦穆，然而北齐的风貌是动人的。

当年我在莫高窟，对隋唐之际的画风突变，如无源之水，看不出从何而来。渐次分析，原来认为，顾恺之的《女史箴图》，南京西善桥南朝墓出土的砖刻画《竹林七贤图》这类体貌，到隋开皇以后，开始传到了莫高窟壁画上，从而脱离了元魏的画格。当娄睿墓壁画的风规所示，开始发现隋唐之际画风的突变，其与顾恺之的渊源，不是直接的，而直接的是北齐。

郑重：你虽然推断娄睿墓壁画的画风属北齐“画圣”杨子华，但是一般壁画都不留下画家的姓名，娄睿墓的壁画也是如此，判断是杨子华的画派，有何根据？

谢稚柳：杨子华是山西本土画家，画得非常好，当时被称为画圣。他的画风在北齐产生了极大的影响，而杨子华正是走顾恺之的路子，接受了顾恺之的画风。当然这是我的一种分析，事实上没有实物依据。只是推想他的画风完全把敦煌壁画中北魏、西魏的画风整个改变掉了，从

敦煌藏经洞《盛装妇女像》

而开了隋的后期、唐朝初期画的面貌，开了一代画风。杨子华不是传统的民间绘画，而我们在敦煌看到的北魏、西魏的壁画则属于传统和民间绘画范畴，它一点一点演变过来。这可以从敦煌壁画上看出来。娄睿墓是在山西，正好在北齐杨子华画派的范围之内。

我看北齐的绘画史，杨子华被推为画圣，那他这一画派在当时声势应当十分浩大，娄睿墓壁画正受其影响，在壁画中就产生了新的面貌、新的风格，而这种新的风格由此陆陆续续由山西传到了甘肃，从而波及敦煌，于是产生了隋的后期，即开皇以后敦煌壁画新的画风，再逐渐演变到唐朝初期。当然，这里我还有一个引证，初唐时期的阎立本、阎立德的画风从哪里来？他们都研究杨子华画派的画，他们的画风是根据杨子华这个画风转过来的。当然，阎立本、阎立德的画，在敦煌墙上有他们名字的画是没有的，但可以从唐朝流传至今绢本上的画来了解他们的画风，而这正和敦煌墙上的壁画完全吻合，不是分开的。敦煌没有直接接受顾恺之画风的影响，敦煌是受到山西的影响，是北齐杨子华画派的影响。这样，就完全改变了我在《敦煌艺术叙录》中的看法。

郑重：敦煌壁画艺术是从印度犍陀罗艺术演变来的吗？

谢稚柳：历来以为敦煌壁画的渊源，是接受了印度的佛教艺术，即所谓犍陀罗艺术。

说敦煌艺术受到了印度的影响，是无可非议的，因为佛教根本是从印度而来。

但是敦煌壁画究竟是怎样接受印度的佛教艺术的，这是值得研究之点。由于过去的记载对敦煌石窟没有任何叙述，仅知道在唐高宗显庆三年（658），王玄策曾经到过西域，写过《中天竺图》三卷，并曾带回一些西域画的佛、菩萨像。据说东都敬爱寺的弥勒菩萨塑像，就是根据王玄策带回的菩萨像来塑造的。至于壁画，就没有任何记载提到与西域的关系。

以印度阿旃陀（Ajanta）石窟的壁画与敦煌石窟的壁画来进行比较和分析，可以得到一点消息。

印度阿旃陀石窟开凿的年代，从公元前一二世纪到公元六七世纪。公元七世纪以后，随着佛教在印度的衰落，这个石窟，据说也就不再发展，而隐没不为人所知了。

通过阿旃陀的一些壁画，发现敦煌石窟魏、隋间的壁画佛传故事等的场面铺排，有某些共通之处，而佛、菩萨等的装饰、形象以及着色用笔方面，就与阿旃陀的毫无共同之点。在整个敦煌壁画中，没有发现与阿旃陀有任何相通的情调。相反，可以看出敦煌壁画与三代、战国、汉以来从图案到人物山水、鸟兽的传统渊源之迹。虽然魏、隋间的佛传故事的场面铺排与阿旃陀的有某些接近处，正是因为所描写的是印度的佛传故事，它的艺术本身，是完全不相混淆的。正如唐东都敬爱寺的弥勒菩萨塑像，要用西域取来的图样来塑造的一样。但是，这时有一个问题值得提出，阿旃陀的第6、11、17窟等的壁画，与敦煌初盛唐之间的壁画，不仅形式相似，而且风格也很接近，似与印度画派很有些距离。由于这几个石窟的开凿年代据说都在初盛唐之前，因此，初盛唐的壁画，看来应该是接受了阿旃陀的壁画了。但是，敦煌艺术研究所所长常书鸿先生见告，印度文物局长诺克拉伐蒂曾经对他说过，阿旃陀石窟的壁画有一些是当年中国人画的，经久的这个谜，终于揭晓了。从上述阿旃陀的那几个石窟的壁画而论，无疑，印度文物局长所叙说的是完全可靠的。

夙愿的了结：八十一岁丝绸路上看壁画

在敦煌壁画的研究中，谢稚柳虽然做了开创性的工作，取得成就，但也有着许多遗憾。遗憾之一是未能对“丝绸之路”的壁画做全面观察。敦煌只能算是“丝绸之路”的起点，沿途的壁画怎样？和敦煌壁画有什么样的传承关系？西方文化对中国到底有什么样的影响？虽然看了别人的研究，但并未能回答他心中的问题。

机会终于来了。

1991年盛夏，也就是在谢稚柳81岁的时候，他随一个文物考察团去了新疆，而且一定约我与他同行。应他之约，这次是我第四次去新疆了，而考察壁画则是第一次。

新疆佛教石窟壁画主要有拜城的克孜尔，库车的库木吐拉、森木赛姆、克孜尔尕哈、玛札巴哈和苏巴什，新和的托克拉克埃肯，这些都属于古龟兹国，所以称之为“龟兹风”。东部有鄯善的吐峪沟石窟和吐鲁番的伯孜克里克石窟。今日的吐鲁番即昔日的高昌国，为回鹘人所治理，所以人们就把这里的壁画归之为“回鹘风”。还有一种被称为“汉风”的，据说和以上两种风格迥异，是进入西域的汉人所作。

克孜尔千佛洞是我国西部大型洞窟之一，东西排列约两公里长，目前已编号的沿窟共有236个。洞窟结构和敦煌相似，大多呈长方形，分前后两室，前室正壁凿龛有佛像座，可惜泥塑像已被破坏，连一尊完整的也看不到了。佛龛两旁有通道通后室。无论前室或后室、甬道墙上及券顶都有壁画。从上海出发的时候，谢稚柳就带了手电筒，现在可以用来照明。和敦煌一样，这里的壁画也遭到宗教性的破坏，当年，伊斯兰教西渐时，和佛教势不两立，佛像的眼睛及鼻子都被挖去，这不仅是历史的遗憾，更是艺术的遗憾。

克孜尔千佛洞的洞窟都凿在悬崖上，墙壁就是用戈壁的石头一块一块砌成，高低不平，根本无法作画。要在壁上作画，先得在墙上涂上泥巴，那泥巴是用黄土和杂草搅拌而成，把墙刷平后再涂上石灰，壁画就画在石灰墙上。

从克孜尔残剥的墙壁上，可以隐约看出与敦煌有相一致的地方。在观看的过程中，谢稚柳常常指着壁画对我说：“你看那菩萨的造型、手的描绘、扭腰及衣服的褶纹，和敦煌隋唐流风有着一脉相承的亲切感。但它有独特的地方，且色彩也极为突出，那菱形格的布局为别处的壁画所少见。”纵向券顶佛堂的主室内，两侧墙壁以象征性的山峦图案划为许多菱

王维《伏生授经图》

形小格，排列十分整齐，各斜行的菱形格颜色不同，有蓝、白、绿、赭、灰等几种。菱形格的多寡在各佛堂内并不一样，每侧少则二三十个，多则四五十个。每个菱形格画一幅画，多是佛本生的因缘故事。菱形格也有的画世俗人物，更有画动物的，如牛、羊、猴、鸟等。

谢稚柳又告诉我："克孜尔壁画的内容、布局及描绘的方法，在敦煌壁画中都是见不到的。"编号38窟的《双雉图》的表现风格完全是少数民族的手法，在汉画中不多见。还有那幅引路菩萨裸露着上身，披着飘带，高举双臂，两只手变为火把，给黑夜中行进的商旅带来了光明。特别引人感兴趣的是商旅穿的长袍，大翻领、窄袖、瘦腰、下摆宽大，衣领和衣襟镶以宽条花边，那长袍过膝，露出双脚，穿的是长筒靴。有的画面上，武士也着同类长袍，袍外束腰带，佩着短剑和刀。这种长袍有人称之为"龟兹长袍"，直到今天在新疆的西部乡村仍可看到它的遗韵。

库木吐喇壁画早已遭受到严重的破坏，有不少洞窟写着龟兹文的题跋虽然历历在目，但是壁画已荡然无存，迎着我们的只是砂砾垒积而成的墙壁。我们进入了一个洞窟，两壁壁画全部脱落，只有拱形券顶壁画依然如故，飞天、佛祖、花草、飞禽，富丽堂皇，谢稚柳惊叫起来："啊，盛唐的风格！"

库木吐喇壁画和克孜尔壁画有着明显的不同。谢稚柳说："后者的地方特性比较突出，而库木吐喇的许多壁画则有着鲜明的中原色彩，跟敦煌壁画有着一脉相承的关系，而且唐代所画壁画更为引人注目。"这类洞窟的艺术表现出"汉风"。

库木吐喇壁画浓郁的汉族绘画风格的旁证就是供奉人像，我们看到的几壁供养人像都是汉人装束及面相，而且是用汉文字题的发愿文，如第75窟，正壁画一高僧坐像，两旁配以六道壁画。僧像下有汉文经文一方。两侧壁下方供养人像，一律是供养比丘像，有汉文题字为"梵□□寺□道秀一心供养"。也有几窟是用汉文和回鹘文共同题识的，如79窟前壁和中心柱正面的壁画，是重绘供养人像，均着回鹘装。男像披发，着盘领长袍；女像着圆形交领长袍，头上插饰一梳。像旁题识就是用汉文和回鹘文书写。

谢稚柳还告诉我，要注意图案的装饰。装饰图案的个性也是区别画派流风的标志之一。装饰图案虽没有独立主题内容，但它和绘画主题的格调相谐和，对不同题材、不同部位的壁画，起着既分割又联系画面的作用，从而产生装饰的效果。从图案的花纹上，也可以看出不同民族欣赏的习惯不同，在纹饰的选择和运用上亦不相同。"龟兹风"石窟中多用几何纹和忍冬花纹；"汉风"洞窟中装饰纹样多用团花图案、卷草边饰和茶花边饰等植物纹样，有着鲜明的"汉风"特色。

库车壁画是多种风格并存的，从这一点来说，古龟兹是东亚中原文化和西亚文化交融地区。中原文化和龟兹文化的交流最辉煌的时期是在绛宾为龟兹王时代。他娶汉朝王室的外孙女弟史为妻。弟史是汉朝解忧公主和乌孙肥王翁归靡所生的女儿。解忧公主感到弟史学业未就，要她入汉继续学习鼓琴。龟兹王也随弟史同时入汉来长安，接受汉宣帝刘询所赠的金印紫绶，在长安居住一年，才回龟兹。史载他们乐汉衣服制度，"归其国，治宫室，作徼道周卫，出入传呼，撞钟鼓如汉家仪"。

新疆吐鲁番伯孜克里克壁画

谢稚柳断定库车地区的洞窟不会早于敦煌，最早的窟是北魏时代，而且中原画风由东向西传播。

伯孜克里克石窟壁画完全是中原风采，即使画着回鹘高昌国王、王后形象的壁画，在表现风格上也是中原气派。

值得注意的是，伯孜克里克壁画的描绘情景在史籍中都可以得到印证。窟内以经变为题材的壁画，人物的衣服大量使用石绿。谢稚柳告诉我：搞敦煌研究时，曾查过《大唐大慈恩寺三藏法师传》，在他的印象中好像有身着绿装的记载，要回去查一查。回到上海，我查了此书，果然如书中所记突厥叶护可汗“身着绿袍”的情景相一致。第20窟内绘的是回鹘高昌王和王后的供养像，王后身穿橘红色窄袖通裙大襦，发髻两鬓包面，头顶金冠像一条上翘的金鱼，脑后垂一条长红绢。回鹘文题款意为：此是高贵王后之像。后来我查了《旧唐书·回纥传》记太和公主出嫁时的装束，“……解前所服而披可敦服，通裾大襦，皆茜色，金饰冠如角，前指”，与画面完全相符。

在谢稚柳看来，新疆壁画中的所谓“回鹘风”和中原汉画比较一致，而和“龟兹风”则有差别。这是因为回鹘佛教受中原佛教影响较深，许多回鹘文佛典译自汉文佛典，加之高昌回鹘受汉文化影响的历史时间较长。回鹘高昌时期与中原、河西往来频繁，关系极为密切，因而当地吸收汉佛教艺术的营养，绘制出具有汉风特点的佛窟壁画，乃是历史上文化交流的必然结果。

篇之叁

绘画史上开派创新画家

读谢稚柳的题画诗词，总感到他时时都在寻流探源，找出书画传承的波澜。写嘉陵江山水的《武陵春》词中有云：“惹梦丹青尽已休，犹说旧风流。”题张旭古词四帖的《少年游》词中有句云：“寻消问息狂僧素，恨不与同时。”题武宗元《朝元仙仗图》诗云：“吴装惊采已烟空，凝想流波一线通。”等等。他的《水墨画》一书，主要讲的是山水、人物、花鸟画的流派与传承，对画史上开派画家做了评论。我们在这方面的交谈也较多，不但讨论了绘画史上的开派画家，也讨论了近现代的开派画家。

郑重：什么样的画家才能称得上是开派画家？

谢稚柳：所谓“开派”就是类似现在所说的创新，但是创新画家不一定能成为开派画家。开派画家要具备两条，一是在继承前人的基础上创造出自己的风格。开派不是翻空中筋斗，而是要有扎实的传统基础。中国文化很讲究根基，要看看你的根扎在什么地方。二是他所开的画派要为他人所接受，形成一股流波。如中国山水画由金碧辉煌转向水墨，吴道子的山水变格起到了开派作用，他在大同殿画过《嘉陵江山水》，又在佛寺画过《怪石崩滩》，张彦远称它“若可扪酌”。说明他画得是何等真实生动啊！同时代的王维，遵循了吴道子的画派，占领了水墨画的领域，成为水墨山水的鼻祖。他又曾把吴道子在大同殿壁画的《嘉陵江山水》用绢上画成一小卷，名为“小簇”。可以看出他对吴道子的画笔，是经过了研究和学习的。所以朱景玄说他的“山水松石，踪似吴生，而风致标格特出”。他的画派的形成，完全是从吴道子而来。

唐末作家荆浩，他在笔与墨上所用功夫，更加深入了。他是专门写山水的。他认为吴道子的山水“有笔而无墨”，项容的山水“有墨而无笔”。他吸收了他们的优点，创立了自己独立的风格。北宋初期的范宽是追随荆浩的，米芾曾经在丹徒僧房见到一幅范宽少年时写的山水，说范宽的风貌是从荆浩出来的：“却以常法较之，山顶好作密林，自此趋枯老。水际作突兀大石，自此趋劲硬。信荆之弟子也。”五代关仝的画派是出于荆浩，早年刻意苦学，晚年笔力已经超过了荆浩。北宋李成的画派又是从荆浩、关仝而来。但据米芾的分析，他没有一笔像荆浩，只有树叶与关仝相像。李成的画富于奇巧的结构，山峦好似云动，烟林平远，连山带水的千里景色，特别秀润的墨法，如烟如雾的变化多姿，显现了一种异样的情调，特殊的风貌。

吴道子、王维、荆浩、关仝、李成在绘画史上都属于开派画家。但他们的画今天已看不到，我们无法做深入的讨论。我们要讨论的是那些能看到作品的画家，这样谈起来就比较真切。

荆浩《匡庐图》

郑重：前面，我们已经谈到李成的画派追随者郭熙和王诜，现在还可以进一步把他们二人的风格之异同做一比较。

谢稚柳：郭熙作画的时候，首先要窗明几净，洗干净了手，两边焚香，使他精神安适，思想集中。然后准备了好墨、好笔，聚精会神地经营落笔，勾了再修，修了再润，反复加工，使得图中的山林泉石、村舍桥梁，曲折地、精妙地达到尽善尽美的境地。从他现在所流传的作品来看，浑厚的笔势和明洁的水墨所映现的情景，是可以想见他在描绘时神备意足、一笔不苟的神态，可以想见他所体验的真实境界，通过笔墨和艺术创造，融洽地达到了统一。

王诜同时是收藏家和鉴赏家，他同样欣赏李成和范宽的画派，他把李成和范宽比作“一文一武”。这个“文”“武”，并没有褒贬的意思在内，而他的画笔，却趋向于文的一路。米芾说他“以墨作平远，皆李成法也”，也可以想见他所认为“武”的路子，是有点畏缩之感的。他与郭熙虽然同是李成的信徒，李成的继承者，而在精神与笔墨方面，描绘的形象方面，仍然有着本质区别。但在元明以来，却也有人把他的画笔，认作是郭熙的。如《渔村小雪图》正是王诜水墨画派的范例。而历见著录久被公认是郭熙的《溪山秋霁图》，试之与《渔村小雪图》来比较，从他们的笔墨、形态与习性来看，显然它不是郭熙而是王诜的画笔。

王诜与郭熙，既然同是宗法李成，那么试从最起点来说，郭熙的用笔，一般看来，是秃而较大、粗壮而圆浑的，富有中锋的含蓄性，因此是浑厚雄壮的形态。可是，并不是说郭熙绝对不用尖笔，他用尖笔所表现的，也仍然在圆浑一面。王诜的用笔，一般看来，是尖而较小、圆劲而秀润的，富有尖锋的暴露性，因此是清隽峭拔的形体。在总体上看来，就觉得郭熙表现的山势厚重，王诜的劲秀。这在外表上说不算错，但不能说郭熙的画不劲秀，王诜的画不厚重。因为在风骨上，王诜未尝不厚重，郭熙未尝不劲秀，只是他们所外露的体貌，不在此而在彼罢了。

郭熙《早春图》

郑重：你送给我的《唐五代宋元名迹》，我已经读过，这本书是在什么情况下编的？

谢稚柳：这部画是在1957年由上海古典文学出版社出版。编的时候是和写《水墨画》同时进行。本来要作《水墨画》一书的插图，后来还是单独出版了。（郑重注：谢稚柳编的《唐五代宋元名迹》册中35幅作品，原来均系黑白珂罗版，不甚清晰。2014年，谢稚柳先生的女公子谢小珮从出售旧书的“孔夫子旧书网”购得此书后，得知册中的原作已分散藏在海内外几家博物馆及私人手中，在长达六个月的过程中，频繁的电子邮件往来，终于得到部分彩色图版。在各方面朋友的帮助支持下，于2017年由上海人民出版社出版，遂有着高度清晰彩色《唐五代宋元名迹》图册呈现在读者面前。）

郑重：从你选的28位画家、35幅作品中来看，有明显的倾向性，如北宋的李成、范宽、郭熙，南宋的马、夏二家你只选了马远，没有选夏圭，元四家中没有选倪瓒、吴镇。你当时是怎样的想法？

谢稚柳：有些大名头的画家的作品没有选，因为他们的名头大，研究的人也多，大家都很熟悉了。我选画家中也有大名头，但我选他们的作品不一定最有名，有些是属于有争议的作品。有争议的作品方能给别人提供研究的空间。我的研究也是那些有争议的作品，如画册中的《湖山清秋图》最早不知作者为谁，只题北宋人的画笔，后来把它归入刘道士的名下。刘道士与巨然同出于董源，两人的画很接近，很难区别。据宋米芾和元汤垕说，刘道士的画里的道士一定在左方，巨然画中的和尚一定在右方，而这一图的红衣道士恰在图的左方，因此断定它是刘道士画的。但刘道士的画已没有传本，无法证实芾、汤二人的说法。但从图的风骨与情采来认识，它与巨然有着距离，不须依靠道士、和尚来判断。但它是江南画派的风格，绝不会晚于北宋初期的作品。

郑重：夏永的资料很少，在画史上没什么名气，你却选了他的《滕王阁图》和《岳阳楼图》两幅画。

谢稚柳：画史上对夏永的叙述很少，他是界画的高手，从这两幅画来看，他描绘建筑物有高度的准确性和艺术性，可见他对客观事物有精细的体验，繁密而准确的技法，在艺术上是难能可贵的，在文人画中不多见。他大概与倪瓒同一时期，画风出自王振鹏，树石的情调，又接近盛懋劲挺的细笔。

郑重：你一向主张绘画流派的先进性，这一画册中所选画家也都是开派画家，而对燕文贵尤为赞许，说他的画兼用渴笔与破笔皴擦，是当时一种纵横独往的作风。然而当时“燕家景”的声名虽然很大，而在宋朝一代流派中，他的风格，不见有继踵接武，未免有些寂落之感，可是你自己的绘画却融入燕文贵的许多笔意。你在编画家全集时，有董源、巨然合集，因为他们有师承关系；有郭熙、王诜合集，因为他们同师李成；又编了燕文贵、范宽合集，他们既不是师承关系，也不是同宗一师，为什么要把他们的画编成合集？

谢稚柳：我画了几十年的画，深感对前人作品借鉴的重要。我过去所能看到的，也只是某位画家的一两件，很难了解画家的全貌。现在有条件把散落在世界各地的古代画家作品汇集起来编印出版。除了合集，我还编了画家的个人专集，如梁楷全集、宋徽宗赵佶全集，还为一张徐熙的《雪竹图》编了专集，还想编石涛全集、八大全集，都因他们的画太多，怕收集不全，所以还未动手。

编燕、范合集，一是因为他们的作品流传到今天的很少，每人编一本全集，内容比较单薄；再者，燕、范的画风虽然不同宗，但他们是同时代的人，画风也有某些相同之处；三是他们都有自己的创造。燕文贵是吴兴人，初隶军中，善写山水及人物，据说是得之于河东山水画家郝惠的传授。郝惠是什么样的画家，其画风怎样，今天都无从知道。宋太宗时，燕驾舟来汴京，在“天门之道”卖画。当时图画院待诏高益看到他的画，甚为赞赏，买了几幅进上太宗。后来，他也成了图画院的待诏了。当时评论他的画“不师古人，自成一家，而景物万变，观者如真临焉，画流传至今日，称燕家景致，无能及者”。前面已经说过，图画院衹侯屈鼎是唯一宗尚燕文贵画派的。

世传燕文贵画真本，有《溪山楼观图》《江山楼观图》《溪风图》《烟岚水殿图》《茂林远岫图》。《溪山楼观图》上有款“翰林待诏燕文贵笔”，《江山楼观图》上也有这样的题款。当时某些鉴赏家对他做了很高的评价，但米芾是绝口不谈他的，宋徽宗也认为他的画“气格凡陋”“因以绌之”，《宣和画谱》不收他的作品。

范宽仪状峭古，举止疏野，嗜酒好道，经常往来于京洛。他曾叹道：“前人之法未尝不近取诸物，吾与其师于人者，未若师诸物也，吾与其师与物者，未若师诸心。”于是舍弃了旧习，到终南太华山中，终日危坐，纵目回顾，来体会眼前如画的风景，以至雪天月夜，也在山中徘徊凝览，貌与神合，对景造意，写山真骨遂自成一家。以此在北宋为天下所推重，与关仝、李成鼎立称三家山水。

燕文贵、范宽都是自立门户、自成风骨的画家。

以燕、范的艺术而论，他们还是有许多共同之处的。范宽的《溪山行旅图》所描写的山，是先有内外的轮廓线，然后以无数的短条子皴来布满这些轮廓线的空隙。燕文贵的《溪山楼观图》也是如此。只是换短条子皴为点子的皴笔。《溪山行旅图》水边的突兀大石，也有些用了点子皴笔。燕文贵与范宽相同之处，一是山的形势，一是皴笔。江南董源后期的变体，其皴笔也是短条子。若论年次，董源应前于燕、范。若说燕、范这一表现是从董源而来，似也不能强据以为准确的渊源剖析。北宋盛兴讲求写实的画风，是成熟阶段。作者要求能体现山石的质，出现了多样的皴笔，原在于作者的各自形象思维。董源、燕文贵、范宽，他们之间的相同之处，是不谋而合，还是其间有所濡染而发呢?

王诜《溪山秋霁图》

燕文贵与范宽的不同之处，范宽的皴笔刻画强硬，燕文贵较温润轻淡，方式相同，却是意趣盎然的两种情意。李成的“淡墨如梦雾中，石如云动”的“文”，范宽的“深暗如暮夜晦暝，土石不分”的“武”，而燕文贵的画风既非“文”，也非“武”，而是温穆俊发，凝重多姿，写树好作曲折之势，是从真实中所选择的新样“燕家景”。

燕文贵的那些破而毛的长点子皴笔，又是从短小如钉头的皴笔所简化而来，从工整的化为草率的，因而变异了它的情态。这种形态和范宽的相去甚远，元代的王蒙，也有这样一种形体。由于对他的风格认识而联想到，王蒙又受到了他的影响，历见著录久被公认是他画的《秋山萧寺图》，正是一个实际问题。这一卷与燕文贵是怎样的关系或无关系，是值得加以再认识的。

燕文贵《溪山楼观图》

燕文贵《江山楼观图》

郑重：李唐也是宋代卓然开派的大家。在当时，北方有李成画派，南方有董源画派，都在蓬勃地发展着，又加上米氏墨戏的异军突起，善写空蒙的景色，而李唐对写实的描绘方式，做出了全面不同的变化，那是很不容易的事。

谢稚柳：李唐的画派，完全出于创新，与历来的截然有别。北宋以前的一般描绘方式，首先要让出若干天地，也就是画幅的上下端，然后构图，所描绘的景色，要在让出“天地”的空间之内。因此，它的境界是由远到近，但映现在眼前的，即使是它的最近处，也已经很远，因为它首先有画幅上下的距离。所谓天地，就是郭熙所说的“一尺半幅之上，上留天之位，下留地之位，中间方立意定景”。据北宋的画笔来看，也有不留的，那从纸的下端一直起笔的构图方式，但它所描写的是远景，是全貌，而李唐的结构，在画幅上采取了顶天立地的方式，是近景的一角，只是眼前所接触的一部分。

他的笔刚劲而犀利，气魄非常雄壮。粗大而夹杂着偏锋。所刷出的山石，传神地表达了瘦硬而有棱角的凹凸面，强烈地显示了立体感觉，浓重的水墨，配合了这种笔式，爽利明朗而有刺激性。

北宋以前的画法，笔和墨都是多层的积累，而李唐画派，一般地来看，笔与墨只经过一道，有时某些部分略加一些烘染而已。他的画派，是“大斧劈皴”一派，如陂陀的画法，很接近赵令穰。他还有一种短条子皴，它的骨体又很像范宽的。

赵令穰是宋哲宗赵熙时期的画家，以善于描写汀渚间的景色著称。他是宋王朝的宗室，足迹不出京洛间，写景的范围，局限于五百里内。然而，他没有受到李成、范宽与董源的影响。据说，他在少年时刻意学画，是以唐李思训、王维、韦偃与毕宏为模范。雪景更与王维相似。他的笔势曲曲直直，是简括而草率的形体，朴拙而疏宕的情意，描绘村舍，都用单线勾出，陂陀的平面，也不用描勾，而是一笔抹过。李唐的画法很与他接近。虽然李唐的用笔比他刻削，而在某些方面，很可能是从他而来的。

当时的一般画派，随着北宋王朝的结束，突然没落了下去。当南宋王朝在临安建立，李唐已是八十老翁，他的画派，突然被推崇起来，流风弥漫着整个南宋国境，他成了南方大宗师。凡是山水画画家，几乎没有不宗他的。如马远的画派正是宗他的“大斧劈皴”一派，所画山水只是一座山与一重滩，因而有“马一角”的称号。夏圭的画笔，同出于李唐一系，与马远更接近。他吸收了李唐清刚爽利的一面，强调了李唐尖细的一面，因为显得爽利有余，形成了清癯的风格。

郑重：梁楷的画笔，是你所欢喜的。他的诗作中有“高墨猿禽下墨枝，梁生牧谿一时奇”“不羡离披僧法常，不作清狂梁风子”“试稽格律丹青笔，尽是度南风子图”佳句。你又搜集美国、日本及国内所藏梁楷画作，编《梁楷全集》，是你编的画家全集中第一本水墨山水。（按：笔者曾得他效梁楷笔意的山水佳作。我们平时交谈，涉及梁楷者亦颇多。）

谢稚柳：人物画到北宋，是新兴的一个阶段。南宋，又是一个阶段。

燕文贵《烟岚水殿图》

追溯到更新的一个阶段，唐人以吴道子集大而为格式，并奉为典范，北宋的赫然巨擘李公麟，其出身也是吴道子。李公麟虽卓然独立，自创门户，米芾还是说他“终不能去其气”。

绘画发展到南宋，梁楷异军突起，他无所不能，特别是人物画，开创了前所未有的风貌。历史上对梁楷的叙说很少，只知他是南宋高宗赵构绍兴时画院待诏贾师古的学生，工于人物、山水、道释、鬼神，超过了他的老师。南宋宁宗赵扩嘉泰年间（1201—1204）曾诏他为画院待诏，并赐了金带，但他没有接受，把金带挂在院内离去了，以纵酒为乐，号曰“梁风子”。

贾师古宗尚李公麟。梁楷是否受到李公麟的影响，又如何形成他的画派，必然有他的艺术历程。新生与旧习是代谢的。从亲密开始，以疏远终，这是规律。《李白行吟》《寒山拾得》即所谓减笔。《寒山拾得》中的减笔运用，使形象显得特别神采飞动。人物的两肩只是遒劲简括一笔而过。这两横墨线，完成了“形”，也达到了“神”。衣领是用圆浑的破笔直下做两大点，可以想见，梁楷下笔的时候，一种新奇的“立意”正在强烈地表现它的不被着意的部分。下来到衣袖至袍子下垂，笔的放浪，墨的淋漓，纵横扫荡，与两肩的笔势，谨饬与纵逸，连为一体。抒发着笔墨浩然之气，流露出游刃有余的表现神通，令人有一种新奇的艺术感觉。

梁楷的《泼墨仙人》演变到越出以线条为主的藩篱。除了面目而外，纯然是一片壮阔的笔墨波澜，而仍然准确地掌握了要表现的曲折的内容。这一笔墨的表达又飞向减笔而外的奇妙境界，是减笔的又一体。

梁楷的这种得心应手的技法，这种大胆的变格，形成了特殊的艺术性。在画派之中是最突出的、史无前例的。

郑重：元朝一代画派，赵孟頫是主力。风气所开影响了以后流风所趋。这里有一个值得思考的问题，赵孟頫开创一代新的风气，所打的旗号不是革新，而是复古，以反对当代的流风而追踪唐宋，挽狂澜于既倒，给中国画注入新的生命，如何看待这一历史现象？

谢稚柳：赵孟頫对自己的画笔，曾有所议论，感到对唐人王维、李思训、李昭道、郑虔诸公的奇迹不能一见；而对五代的荆、关、董、范辈，则与近世笔意辽绝。他自认为自己的作品虽然不可和古人相比，然视近世画手，则自谓有些差异。他所谓的“近世”就是南宋李唐的画派。

当南宋一代，李唐画派盛极一时，系无旁出，北宋以前的各种流派，几乎全部绝迹了。由于这样一种情势，似乎已经发展到了顶点，它开始遇到了逆风，赵孟頫画派的兴起，阻挡这一主流。提倡唐和北宋的画格，标榜李、郭和董、巨，确认这些画派的艺术才是正宗。因此，正当元朝初期，经过了南宋一百四五十年来中断的北宋画，由于他登高一呼，又重新死灰复燃，使元朝一代，起存亡续绝的作用。在当时，几乎以他的宗尚为宗尚，他成了大宗师，成了主流。

以他的绘画体制而论，系李成与董源的流派。《重江叠嶂图》《双松平远图》是李成一系，与郭熙、王诜的风貌特近，而《双松平远图》简括到几乎没有皴染，笔势更杂着飞白，这是他的自创，是从李成一系脱化而来，引导了黄公望、倪瓒的画派的形成。《龙王礼佛图》《东洞庭图》《鹊华秋色图》和《水村图》是董源的一派。

郑重：元代是中国画发展转型的关键时刻，一是沿着李唐的画派发展，会给中国画带来什么样的命运？再一个就沿着赵孟頫的画派发展，形成了今天这个样子。如何来评价这两个画派的作用？

谢稚柳：对这两个画派的影响和作用，很难做一个明确比较的判断。南宋李唐、马远、夏圭和刘松年，属于院体，他们的画笔还有着

“近观取其质”的特点，还是真实的，和北宋比，格局小气得多。赵孟頫这一派的直接继承者赵雍，完全步着老子的后尘，不去说他了。

元四家之一的黄公望是赵孟頫的学生，是董源、巨然的嫡系。从他的画笔来看，虽然他对于“富春”“虞山”有过观察与体验，却是减轻了对描绘对象的深刻性，而着意于笔墨的创造。以声名煊赫、历见著录的《富春山居图》而论，对于山的内容的描绘是相当抽象的。试从富春江上，泛舟上溯，两岸的山色，很难寻得与他画笔的体制有契合之点。这说明，他对真实的境界只不过是吸取一点意思，而不主张多事刻画，只是借山林胜地，来表达他的胸襟，以稀疏的笔墨情趣，来作为胸襟高雅的象征。

吴镇，脾气古怪，个性强，从他的画笔也可以看得出来，几乎全是槎枒老辣的秃笔，有一种不修边幅的风调。他喜欢写江上渔父的情景，还有一种如马远、夏圭的横刮的皴笔，而它的情调是董、巨与马、夏的混一，偏重于温润一面，没有刚劲如刀削的情味。元朝的画派中，只有他组合了极端不同的技法，容纳了南宋的骨体的。

王蒙的画派善变而多样化，从他有修养的笔墨来看，对真实的描写是热情的。他的笔势是如此多样化。卷曲如蚯蚓的皴笔，是强调了董源的一端，绞缠着线条和繁密小点子，其中的一端又结合了巨然的。许多破而毛近乎是点子的皴笔更吸收了燕文贵的笔意。焦墨的粗线条，又是从李、郭而来。这些对写实奏效的技法，都在他搜集之中，联合在他的阵容里，独立而扩展了起来，都形成一体，使它的情景有变化而又丰富。

我们经常看到，下面一个平坡，坡上三五棵杂树，偶然有一个亭子，对面远远的一层、两层平平的山，就是倪瓒的风貌。他的画意几乎大同小异，都是这样一种结构。

他那淡淡的、明洁的笔，却显得厚重而情意温清，没有纤弱与淡薄的感觉，笔和墨真是舍不得多用一点，然它已经完全足够，恰到好处。

这一种表现，确是很独特，很不容易。他以稀少的笔和淡淡的墨有精神地笼罩住整个画面，不让你有松懈模糊的感觉。因此，他有一种清气照人，使人爽朗、使人清醒的情味。这一种形体仍然从赵孟頫的风气而来，是其优点的一面。中国水墨画到他已经是极端，直到明、清，他的流风始终起着作用，始终被人所崇仰。

明代追随着元代的画派，更从元代的画派中翻筋斗，变手法，通过元代的画派，再来讲究北宋。在当时，写实的作风，虽不能说已经绝迹，而由于创造性不够高强，似乎又隔了一层。所追求的笔墨路子越来越窄，堕入粗浅与庸俗之中，这样翻下去，看来就有今不如古之叹了。

夏圭《溪山清远图》（局部）

谢稚柳论石涛画风

石涛虽不为谢稚柳所宗尚，但谢稚柳对石涛的热情是很值得分析的。早在1960年，社会上推崇石涛之风兴起，谢稚柳撰《关于石涛的几个问题》刊于《文汇报》。到1979年之后，先后又撰《石涛画集前言》《谈石涛二事》《石涛作品纵观》等文，评论历史上的画家，谢稚柳对石涛的研究虽不能说最着力，但发表的论文最多。同时，他的收藏中有石涛的作品，晚年偶以石涛的笔意写墨笔山水。

郑重：你的画风和石涛完全不同，为什么那样欢喜石涛？

谢稚柳：三百年前是一家嘛。石涛早期的画出自陈老莲，我是由老莲走向北宋，他由老莲走向沈周及元四家。在元四家中，他对倪云林情有独钟。他的画笔有许多都是从倪云林来，他有一种尖细的书体，其源也出于倪。对元四家中其他三家的风格，也有许多蛛丝马迹可寻。不过，古人也有许多欺人之处，经常不太愿意提起自己的师承所自，石涛也是如此。他从来不谈沈石田，也不谈陈老莲。他的艺术渊源到元四家为止，他与南宋到明代的院体画派是决绝的，对北宋不以为然，如他说郭熙，在他看来“未见有斩关手眼”。

郑重：我想，并不是因为他曾在陈老莲的画派沐浴过，你就会喜欢他，何况他对你所推崇的郭熙又不放在眼里。

谢稚柳：这当然立足于他绘画艺术的本身。我对石涛的艺术评论，主要在1953年我写的《水墨画》和改革开放后写的《石涛画集前言》中。

在当时的画坛主将是“四王、吴、恽”。龚贤等的“金陵八家”居于一角，声势微弱，而他（石涛）所显示的革新精神和创造个性，在“四王、吴、恽”的复古精神下，真是天翻地覆地震动了画坛，使王原祁也叹服地承认自己与王翚都有所不及，推他为“大江第一”。“他的画派，是忠于现实，重视生活实践，度越了一切流派、一切规模与因袭

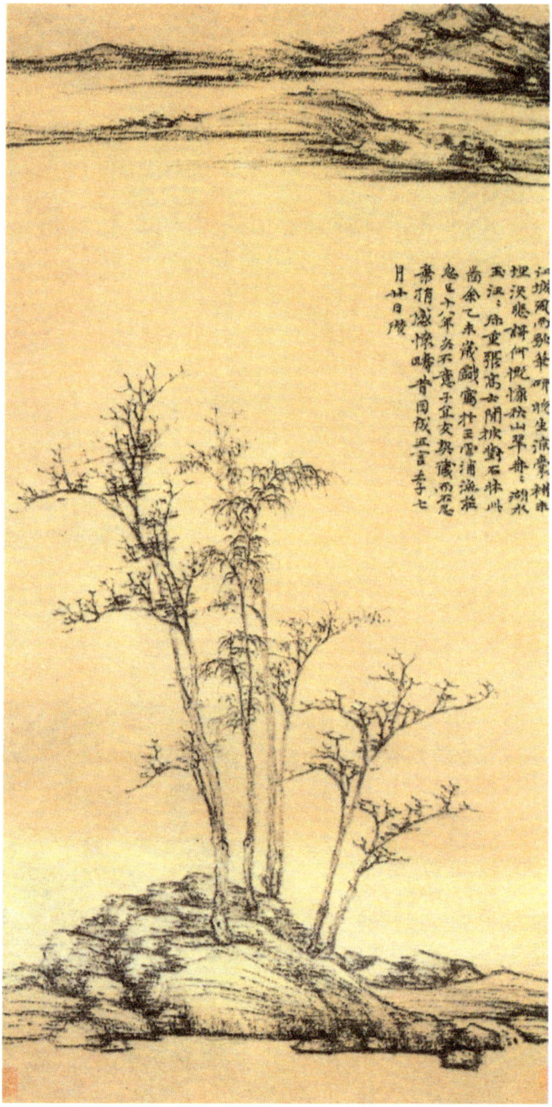

马远《雪滩双鹭图》

梁楷《泼墨仙人图》

倪瓒《渔庄秋霁图》

的固有风貌，有力地反映现实的新的创造。”“他面貌繁多，构图新颖，笔的雄健与墨的欢畅，在一幅纸的四角到中心，新颖的变幻与灵动的剪裁，丰富繁杂，也足以说明他真实的反映现实和融合自己思想的特性。他的结构，与一些从故纸堆中，把这一山与那一山搬搬场的手法是完全没有共同点的。”

我们经常可以看到他的画，有“法元人的笔意”等题句，很明显他仍然是从先进的法则中来，而且从先进的法则中出。不是死守与硬搬，只是融会贯通地来运用到自己的意境中去，满足他描绘自己的意图。因此，他对前代画派的看法，有几次谈到元代的倪瓒，他说：“倪瓒有《秋林图》。余今写画，亦复有此，淋漓高下，各自情性，今海内笔墨，去古远矣。”又说：“倪瓒有一段空灵清润之气，冷冷逼人。后世徒摹其枯索寒俭处，此画之所以无远神也。”他仍然是说，吸收先进的技法，不是专从皮毛上用功夫，是要求得先进技法的精神之所在。是要求得与进的不同，来印证与先进的相通之处，来创造自己的风格。

谢稚柳在这里提出绘画的先进技法，当时并没有引起人们的注意。直到50年后，上海大学美术学院教授徐建融兄对“绘画的先进技法”加以阐说弘扬，并上追晋唐，将它放在把中国画从狂澜既倒中挽救出来的杠杆的地位，可谓大有见地之说。

郑重：1960年，你写的《关于石涛的几个问题》是一篇考证文章，对石涛的画评论不多。

谢稚柳：当时发现了一批石涛的新材料，又出版了《石涛画语录》，大家谈来谈去都是《画语录》的事，我觉得没有意思，讲的都是玄虚而扯不清楚的话题。我是反其道而行之，从他的画兰诗“十四写兰五十六”，考证他的年岁，主要考证出他的生年在明崇祯十三年（1640）寅辰，比八大山人小十五岁。

谢稚柳和程十发

吴镇《渔父图》

郑重：对石涛年岁的考证有什么重要性吗？

谢稚柳：石涛的许多事情及书画的混乱不清，众说纷纭，连专攻石涛的专家张大千也搞不清楚，其毛病都出在对石涛的生年没有确切的了解。

郑重：你对石涛有兴趣，和张大千学石涛有没有关系？

谢稚柳：应该说有些关系。他以石涛为衣钵，和他在一起总是要谈石涛的，加上石涛不解之谜又很多，自然也引起兴趣。

郑重：石涛的名言“搜尽奇峰打草稿”，他真的把奇峰搜尽了吗？

谢稚柳：这是诗人的语言，不可拘泥。他的精神是要从真实山水中写出生动活泼的图画，创造富有生命的新风格。同时，这也说明了中国和其他国家绘画创作不同之点。中国的文学以臆造为它的艺术性，西方文学也是如此。而绘画却不然。在19世纪以前，西方绘画基本上是以一毫不变、如实反映为其艺术性，中国绘画的创作方法和文学一样，是以臆造为艺术性的。如果不是这样，那他搜尽奇峰，直接把奇峰反映出来就是了，何必搜尽奇峰还要再打草稿呢？中国自有绘画以来，在创作中，始终运用这一原理，是传统绘画主要之点，即在生活中搜集素材，而以素材通过作者的臆造为其艺术性的，千百年来这一创作主旨却没有人谈及，直至石涛的这方印章，才一语道破。因此他的画千姿百态，淋漓幻化，正是他搜尽了奇峰，而后才能臆造出来。

谢稚柳毕竟是博大精深的绘画理论家和创作大手笔，对前人话语的理解也鞭辟入里，更深一层，有的画家认为石涛"搜尽奇峰打草稿"之说是"大言欺人"，对石涛的理解未免太浮浅了。

为朱耷立传

清代画家中，八大山人朱耷和石涛一样，在谢稚柳的艺术鉴定和评论中占有同等的地位，他撰有《八大山人取名的含义和他的世系》《八大山人"二九一十八生"印》《八大山人廿四印》等论文，还撰有《朱耷》，被列为"中国画家丛书"之一。他在该书的"引言"中写道："北宋画沉郁的气格、简朴雄浑的笔墨，素为花鸟写生，在清初，八大山人同样创造了元明以来所没有的新风貌，他的这种先创力，是度越了元明之间水墨画派的范畴。""是划时代的艺术"。从清到现代三百多年中，"作家的各种风貌，不管他们的感染、演变和发展如何，恐怕都不能与八大山人毫无一点关系吧"？

郑重：既然你对八大山人有这样的评价，为什么不把《朱耷》收进你的《鉴余杂稿》一书中去？

谢稚柳：这是一本普及读物，而且文字又较长，所以没有收进《鉴余杂稿》中去。

1937年，“东西南北人”诸同好游雁荡山；右起：谢稚柳、黄君璧、于非闇、方介堪、张大千

郑重：在《水墨画》一书中，你只写到明代，没有涉及清代。

谢稚柳：清代除了“四王、吴、恽”六家，其他画家就不多了。以流派而论，“四王”是同一个来源，都是受董其昌影响，个人的风格面貌不多。其他有几位画家，还算不上开派人物，以流派来论，讲不出更深刻的东西。

郑重：《朱耷》虽然是普及读物，你还是从流派的角度来叙述的。

谢稚柳：是的。《朱耷》这本书仍然没有离开流派的鉴画宗旨，八大山人是诗、书、画都很精到的。他的诗充满了隐约与朦胧，在难以捉摸的诗句中，只能体验到它的神秘性、幻想性与讽刺性。要了解到他的出身和经历，对他的诗才能有些理解。八大山人的画，为世人称道不衰。然而他作画不是平生名利的钓饵，而只是为自己穷愁抑郁而抒发。乍然一看有些奇异，但不像他的诗那样令人难以理解，其实他的画来自董其昌。清代学董其昌的造成了清一色的形式，在南方，几乎认为是不堪欣赏的东西。但是八大跳出藩篱的风貌，形成他那洒脱放肆的风格。他临过董其昌的画册，今天仍然传世，他的一些信札中，也明确表明他的画风是受董其昌的影响。受董其昌的影响，可以产生清“四王”，也可以产生八大山人，这说明画家个人内心的感受所抒发各自的灵感，不是绝对由于师承而受限制的。八大山人的花鸟的艺术性远在他的山水之上，有着丰富创造力的引线，如他写的鹰，是从明朝画院体如吕纪、林良的系统中来的，徐渭的水墨花竹，对他有着感召力。他经常描绘的芭蕉怪石、荷花鱼鸟以及芦雁汀凫，无不体现了活泼的生机。

郑重：欣赏八大山人的画，是否像常人所说的“丑中求美”？

谢稚柳：我不赞成“丑中求美”的说法，有的绘画就是丑的，丑得不堪入目。但八大山人的画不是“丑中求美”，因为他的艺术本身就是美的，是一种夸张的美。他善于用夸张的手法，来创造一种奇特突出于真实的美。如他写鱼、鸟，描绘的特点在于它的眼睛，用夸张手法。把眼睛画得特大，有时甚至是方的，黑而圆的眼珠，顶在眼圈上角，增加了它的灵动美。还有，他会通过一团水墨，画鱼、鸟耸起了背，鼓起肚子，鸟展开了翅膀，缩起头颈，都有着生动性。他画的花木，也是在同一感情下的表现，如牡丹、拒霜，几乎难以辨认，显得有些超越了现实，使人难以接受，但那不是出于个人的虚妄，而是通过对事物深刻感受所积累才形成的。

郑重：八大山人的书法都是用秃笔写出来的，为什么能创造出独特的艺术情致？

谢稚柳：一般地说，用秃笔很难表现出笔势的流畅与风神，而八大山人不但隐藏了用秃笔书写的缺点，而且能从侧势、逆势，归纳到均势，表现出一种傲岸不驯的艺术情态，开创了书法中笔势所未有的情况。

王蒙《青卞隐居图》

篇之肆

『宣和体』和『院体』

院体画派，出自翰林图画院，创始于五代，后梁、南唐、后蜀皆设待诏。宋代益加扩大，设待诏、祗候、艺学、画学正、学生、供奉等职。北宋院人约五十，南宋院人约百人，专职从事绘画。最著名的要算宣和画院和绍兴画院。院体画派，注重写生，追求形似，讲究法度和师承。“文人画”和“院体画”相抗衡，称院体派的画为“匠人画”。文人画滥畅之际，也正是院体画派开始衰落之时。如何看待院体画在历史上的作用？谢稚柳和笔者曾做过讨论。

郑重：院体画派是怎样的情况？

谢稚柳：当时五代，花鸟画的主力在蜀与南唐，是新兴的阶段。蜀的代表为黄筌，南唐是徐熙。当北宋开国后，建立起“翰林图画院”，图画院的风尚以黄筌的画派为主。他的表现形体是细笔轻色，号称写生。南唐徐熙是落墨为格，杂彩副之的“落墨法”，也是写生。然而这一画派，没有被当时图画院所接受。徐熙之孙徐崇嗣，想进图画院，图画院审查他的画笔，认为“粗野”而被摒弃了。徐崇嗣无可奈何，舍弃了他的家传画格，改而为接近于黄筌的描绘形式。这才通过，进入了图画院。

北宋有句谚语：“黄家富贵，徐熙野逸。”黄家已被图画院奉为绘画艺术的典范，而“徐熙野逸”的落墨画派，遂成“广陵散”。

五代蜀的黄家写生体系，影响了两宋的画院，这一种流派，到元代称之为“院体”，已被厌弃。士大夫画、文人画的提倡，开始与“院体”正式对立。在明代，除画院外，都是走元代的艺术路线，直到清初，始终在批评“画院气”。因此，工细、浓艳、光洁的描绘体系，完全被堵塞。文人画的建立，就是元代艺术风尚的泛滥流衍。由明到清的各色各样的风貌，只是偏重于笔墨的新奇，而轻忽于内容的深刻描写。因而对绘画的看法也起了变化。这是侧重技法、追求笔墨的风尚使然。

到北宋，宫廷设立了画院，画家齐集在汴梁。绘画风尚逐渐在变，跳出了晚唐与五代的传统风格，推崇吴道子为画圣，王治、王霭、孙梦卿、孟显、武岳、武洞清、武宗元、李公麟等都是以吴道子的画派为他们的艺术的准则。其中尤其是李公麟在画坛上为后学者所宗仰。米芾曾说他的画笔学吴道子，“终不能去其气”，然而他所提倡的白描人物和“行云流水有起倒”的笔势，代替了吴道子的“磊落挥霍如莼菜条”的格调，建立起独立画派，形成了自己的体制。

郑重：宋徽宗赵佶领导的画院，对当时的绘画影响如何？在历史上可以有肯定的地位吗？

谢稚柳：赵佶对画院进行了一系列的改革，把书画归属到国子监去了。《续资治通鉴长编拾补》记：崇宁五年（1106）正月丁巳，“诏：书、画、算、医四学并罢，更不修盖，书画学于国子监擗截屋宇充，每学置博士各一员，生员各以三十为额”。据《宋会要辑稿》大观元年（1107）二月十七日，诏：“书画学谕、学正、学录、学直各置一名。”至大观四年（1110）三月庚子，诏：“书学生入翰林书艺局，画学生入翰林图画局。”翰林图画局，近似一所学校，是以学生为主，实为赵佶直接领导，执行的是赵佶的艺术旨意。训练学生的写生与摹古，考试用一句诗句为题，来考验学生对诗与绘画结合的所谓“诗情画意”。

《图绘宝鉴》列了好几位宣和待诏，如马贲、黄忠道、苏汉臣、朱锐、李端、张浃等，不知他的根据从何而来。史称李唐曾入宣和画院。事实上，画院之名，早已不存在，看来画院只是成了一般通称。李唐应是入的翰林图画局。没有听说他在图画局里有过如“画学谕”之类的头衔，看来也不是学生。我们不知道当时录取学生有无年龄限制。“云里烟村雨里滩，看之容易作之难。早知不入时人眼，多买燕脂画牡丹。”可以看出，这首诗出自李唐肺腑，一腔的牢骚，显然由于没有受到赵佶的重视。“多买燕脂画牡丹”，正是赵佶所领导的写生艺术主旨。皇帝老官的声势之下，是不言而喻的。邓椿《画继》有这样一段记载：“凡取画院人，不专以笔法，往往以人物为先。盖召对不时，恐被顾问，故刘益以病赘异常，虽供御画，而未得见，终身为恨也。”因而这些人的作品，尽管被赵佶所认可，题名签押，只是不会再题上作者的名氏的。

郑重：赵佶是最没有用的皇帝，但他是伟大的艺术家，可以这样说吗？

谢稚柳：从绘画史来证赵佶，将是光辉的一页。尤其他于花鸟画，精巧深微，天机盎然，达到形神兼备的妙境。

北宋花鸟画，自黄家而后，史称至天圣、熙宁数十年间，演而为崔白、吴元瑜，再越三十年至赵佶之世，已从朴实真诚之趣，变而为精微灵动。黄筌号称写生，崔白、吴元瑜也是写生，赵佶也是写生，都出于写生，而艺术风调之变易，又飞越了一程。赵佶曾对他的臣下说：“朕万机余暇，惟好画耳。”南宋邓椿称说他“艺精于神”“妙体众形，兼备六法，独于翎毛尤为注意”。

赵佶领导的画院，从事写生研究，书上已经有了许多叙说，“孔雀上墩”“正午月季花”之类是很不少的。他自己对花、竹、鸟兽之类的写生，名为《宣和睿览册》，就积累至千册，真是大规模的创作了。

他的笔势，有拙大的，纤秀的。墨法有浓重的，轻清的。他的拙大笔势，一般用于老树坡石，有郭熙的情意，墨法也相近。北宋画院的花

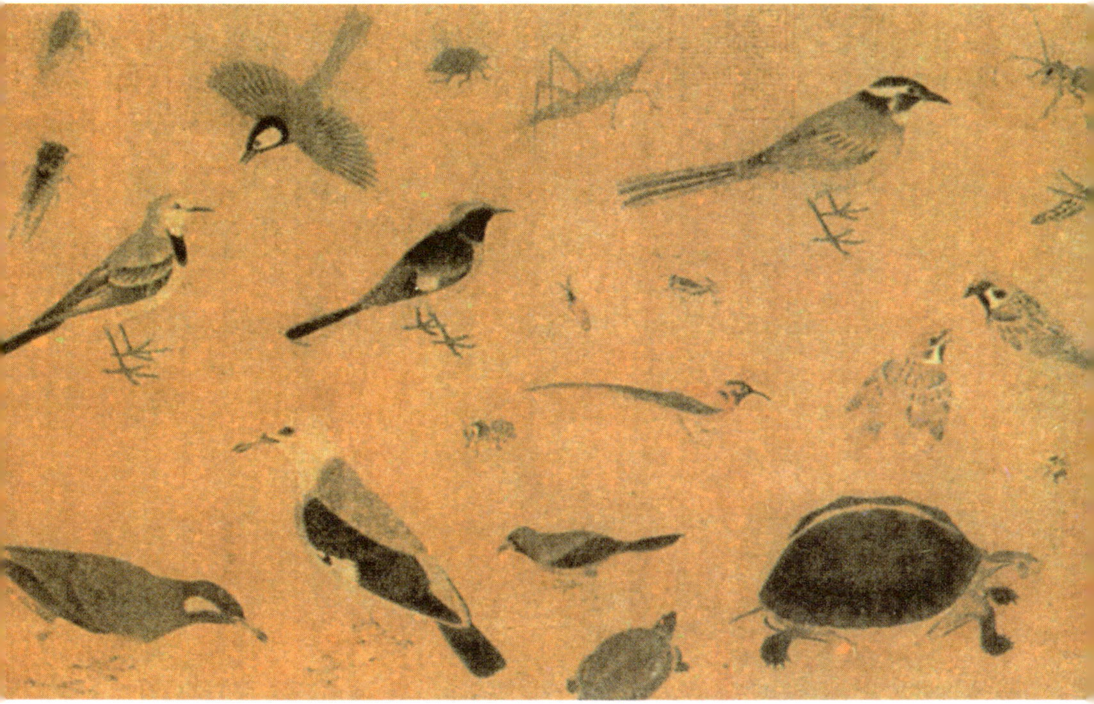

黄筌《写生珍禽图》

鸟画传统，以黄筌为标准。据说，黄筌的用笔以“新细”为工。他的纤秀笔势应该也是从画院的传统而来。

他写鸟，有的用墨很重，毛羽只是用晕染，而不是疏渲。同时，他发明用生漆点睛，使它突出在纸素上，这一画法，历来只见于叙说。

他写花果，有时只用墨染，完全不用勾勒，则情调特别秀润。

他的风貌既多，而意趣也别，墨彩流动而细腻，一种文静的气氛，弥漫在形象的描绘中，通过这种气氛所流露出来的生动性，充满了亲切的、动人的情感。

郑重： 看来，赵佶的画和一般所说“院体”还是不同的。

谢稚柳： 是有些不同。对他的画风，画史上也称“宣和体”。所谓“院体”，是指南宋画院的画派，不论它是何种类别，只要是从画院出来的，都称为“院体”。当时李唐的画派，正是“院体”的首选，今天我们所见到的绢本团扇形的南宋画，正是所说的“院体”画。这些画，在元人看来，并没有高超的笔墨，因而艺术性是不高的。“院体派”还有一个特色，善画屋室楼阁，也就是平时所说的“界画”，这正是“不求形似”的文人画家所批评的。其实“界画”要有此真功夫，用苏轼画枯木竹石的那种画法是行不通的。现在的界画是彻底没落了。

郑重： 书上记载，当时画院高手云集，几乎所有高手，都是为赵佶代笔作画，所以连这些名手的姓名，都没有听说过。现在流传下来的赵佶作品，哪些是他自己画的？哪些是别人代笔？

谢稚柳： 我在《宋徽宗赵佶全集》中做了分析：

《御鹰图》，论它的艺术描绘，双钩谨细，毛羽洒然，形体生动而自然。鹰眼的神姿，尤为英发，显示着一种威猛之气。而艺术的格调，却是清新文雅，除去了粗犷率野的情味。尽管双钩是历来的表现形式，而这种新颖的画风，是形神兼备的高妙写生，与崔白显示了一定的距离。

《金英秋禽图》却是又一种体制的描写，是一种雍容高雅的骨体。特别要提出的是一双喜鹊，笔与墨是细致的，但用的是俊放的笔势。所谓细致是指它无微不至的写生。以俊放的笔来表达细致的写生，可以说神妙直到秋毫巅了。

《枇杷山鸟》用的全是墨笔，也是赵佶的真笔。除鸟与蝶之外，纯是没骨法，它所散发的一种静穆的墨气，为北宋所独有。赵佶画笔的性格、情意，则盎然于绢素之上，可以说是赵佶的别调。而蝶，与《金英秋禽图》中的是步趋一致的。此盖为其中后期之笔。

《柳鸦芦雁图》中的柳是粗笔，坡石与草也是粗笔，以笔势论纯然

赵佶《瑞鹤图》

一致出于一手，从这些笔势一致的坡石与柳、草，就不能如蔡绦所说与崔白毫无渊源关系。这不可以随便立说，崔白的画笔，著名的《双喜图》今天还流传于世，可以辨认其间笔性情致的连贯性。

柳鸦与芦雁，从内在到外形，有粗放与拙重之不同，也有质朴与细巧之别。柳粗放而鸦拙重，芦雁是拙重的双钩描笔。

《芙蓉锦鸡图》《蜡梅山禽图》《听琴图》《文会图》都不是赵佶所作，只是御题画，并不是如蔡绦所说的“代御染写”之作。那么，赵佶因何在题字时不题出作者的名氏？而《南宋馆阁续录》御题画一项中，有些却都题作者的名氏，直到与他同时的吴元瑜。

有一个推想，这些画绝非“代御染写”，事实上赵佶的画并没有“代御染写”之作。那么，这些不提作者名氏的御题画，看来都是“三舍”学生的创作，或者是每月考试的作品，被赵佶入选了，才在画上为之题字。这已经是显示了皇帝的恩宠。然而，被人说成是“代御染写”，这有碍这位善画的皇帝尊严，也是他始料所不及的吧！

郑重：赵佶还画有《雪江归棹图》及《摹张萱捣练图卷》《虢国夫人游春图卷》。

谢稚柳：是的。赵佶画山水四卷，写四时景色。传世仅存其冬景一卷《雪江归棹图》。皴笔俱用剔刮及小条子，形体严谨苍劲而气势豪放。它的习性与《柳鸦芦雁图》《竹禽图》《金英秋禽图》等图中的坡石相同。《摹张萱捣练图卷》是金章宗题字赵佶画的，它的笔势较冗弱，殊不流畅，看来是画院学生的临本。《虢国夫人游春图卷》中马的四蹄，呆滞无神，与赵佶艺术精神殊不相类。

赵佶《五色鹦鹉》（局部）

赵佶艺术主旨的大体，追求的精神在于写生，笔致秀挺温婉，形象俊俏生动。虽然他也有雄健的格调，如《柳鸦芦雁图》，但大多数的创作，都是以如上所论证的主旨从事描绘，以气韵奠定艺术高峰。那些御题画，正是缺乏这方面的深入成就，但已经不容易了，在北宋，不是数一，也是数二的高品。这些学生，努力追随赵佶的表现形式，必然要下一等。上列传世的那几幅御题画，都可以看出这方面的弱点。

郑重： 你的花鸟画早年学陈洪绶，肆花木竹石，而没有学陈洪绶的鸟，可以说是神气十足的陈洪绶，逼近原作，只是情况不完全相同，没有陈洪绶的倔强情意。后来，你又立足两宋，追踪“宣和体”的工整细写，清丽幽雅，在风神上真是压倒两宋院体画家。我给你早期的花鸟之作名之为“新宣和体”，可以接受吗？

谢稚柳： 哈，哈……不敢，不敢，过奖，过奖。你们当记者的，欢喜搞新名词。我的确喜欢赵佶的花鸟，所以给他编全集。

院派画风对元明清的影响

郑重： 元明清有的画家也接受宋代“院体”的影响，他们到底受到多少影响？是全盘吸收，是改造性地吸收，还是用现在的话说批判性地吸收？

谢稚柳： 元代画派的形成，无论是工整的还是豪放的，都不是从南宋“院体”而来，元人最不赞成甚至反对的正是南宋的“院体”。他们崇尚北宋和杨补之的水墨体系。据叙说，杨补之曾经把自画的梅花献给赵佶，赵佶批评他是“村梅”。因此在当时就不被重视了。

赵佶《听琴图》

一般研究者认为任仁发的《秋水凫鹜图》是受院体派的影响，似有可以商榷之处。证之历来的叙说，无从证实他也善于花鸟的描绘；通过他的人、马之类的画笔，找寻不出与此图有相通之点。说是他的画笔，仅仅依靠上面两方他的印章。论此图的风貌，完全出于南宋工整的“院体”。任仁发的笔势，一贯是纤秀而轻清的。

赵雍的《著色兰竹图》，著色的兰竹，笔势清刚飞舞，兰叶的撇法，近于郑思肖。他的画笔，一生追随他的父亲赵孟頫，这一幅图却与他的父亲不同。

张中的《芙蓉鸳鸯图》，水墨勾染，与王渊的水墨画派虽不相同，但他的这种笔墨情意和写实规模，确是元人的风范，也正是元代的时代风尚，而与南宋“院体”无丝毫关涉。

王渊在元代是花鸟画的大手笔。元代夏文彦《图绘宝鉴》中叙说，他少年时曾受到赵孟頫的指教，通晓许多优良的传统技法，而特别宗尚黄筌，绝无一笔与南宋“院体”有共同之处。

但是，王渊，这位水墨花鸟画的高手，说他无一笔“院体”可以，但说他与院体毫无共同之处，恐怕是不见得的。

因为，不承认“院体”，正是元代的风气。在夏文彦看来，这样一位上追黄筌的高手，说他有一笔“院体”，是辱没了王渊的。事实上，

赵佶《柳鸦芦雁图》（局部）

赵佶《芙蓉锦鸡图》

任仁发《秋水凫鹥图》

赵佶《金英秋禽图》

南宋“院体”不是绝对不好，正如元人不是绝对好一样。

很明显，王渊所写的“湖石”，所采取的笔势、技法与所形成的“湖石”形体，与南宋“院体”首选的李唐派系，就不可能确认为毫无瓜葛。论他的才情，是朴实的。所以它的气格，并不崇尚风华，工整双钩加上水墨晕染的情味，浓厚坚实的笔势所描写的形象以及结构，显得分外庄重，一种风神流动的北宋情调，在他画笔里找不出来，与清新俊逸的气格判然两途，而是富于拙茂的情趣。他的画派，在元代是很突出的。

郑重：明代的吴伟、唐寅、仇英及戴进都是从南宋院体中来。

谢稚柳：明代画派的成长和元代一样，对南宋的画派，是一部分拒绝，一部分接受的。明代的画院，大体跳过了元代，接受了南宋的“院体”，豪放的与精致的，大致从李唐、马远、刘松年、梁楷等画派中演变而来。画院以外的，却是从元代发展而来。

王渊《竹石禽鸟图》

张中《芙蓉鸳鸯图》

篇之伍

线与白描

如果把西洋画看成是色彩的诗句，中国画就是线的音乐节奏，这个比喻很形象，也很恰当。

线，这是中国绘画的基础。从彩陶到青铜器，无数的人物、禽兽、虫鱼、龙凤等飞动的形象，跳跃婉转，全部融化混合于流动的花纹线条里面，每一个形象都是一组飞动的线纹和节奏的交织。中国在很早的时候，就发现线在绘画中的作用，提出“一笔而成，气脉通联，隔行不断”，还说“笔迹者界也”，强调线在绘画中的作用。

中国画家对线的运用有着悠久的历史和优秀的传统。除了彩陶及青铜器上的线纹外，到了汉代，绘画上用线就有鲜明特色。顾恺之继承和发展了汉代绘画的成就，他运用游丝般的线条，做到超忽飘举，乍看平常，而六法皆备。南北朝时的北齐画家曹仲达，以线绘衣纹，笔法稠达，衣服紧窄，后人因称“曹衣出水”。唐代的吴道子用线描绘人物，笔势圆转，衣服飘举，有“吴带当风”之称。这都是说的中国画的线条美。画人物，先勾线，后填色，在衣服上勾出的线叫“衣褶”。

古人把衣褶的各种描法总结为“十八描”，就是：高古游丝描、铁线描、行云流水描、琴弦描、蚂蟥描、钉头鼠尾描、混描、撅头丁描、曹衣描、折芦描、橄榄描、枣核描、柳叶描、竹叶描、战笔水纹描、减笔描、柴笔描、蚯蚓描。高古游丝描用笔软，用来表现纱罗等极薄的衣服；铁线描则用笔硬，用来表现被浆过的麻料衣服。工笔花鸟，也是先勾线，后填色。画山石使用的各种线条，叫“皴”，以其各自的形状命名为披麻皴、雨点皴、卷云皴、解索皴、牛毛皴、荷叶皴、折带皴、刮铁皴、大小斧劈皴等，还有表现树皮的鳞皴、绳皴、横皴等。这些线不单纯是做线界或轮廓看待，它具有表现人物的感情或物体性质的作用。

在谢稚柳的书画作品中，我们可以明显地感到他对线的运用可以说是具有“贯天地，通鬼神”的魅力。谢稚柳所以在艺术实践中对线的理解与运用取得那样的成就，这与他对线或者说对白描的深入研究是分不开的。这无论从他的《水墨画》《论书画鉴别》的专著中，还是从他的艺术散论中，都可看到他研究的心得。

咸阳市薛氏墓壁画唐女侍像

郑重： 中国画最早是否以白描的形式表现的？

谢稚柳： 最早的画是什么样子，我没有看见过。汉代的帛画是从线描开始的。这一点在敦煌壁画上表现得更为清楚。壁画画法程序是开始在壁上描一道，到全部画好时，这起首的线条已被颜色所淹没不见，必须再在颜色上描一道，也就是完成时的最后一道描。在魏、隋的起首一道描，是用赭色的。至隋末起，渐用墨描。后一道描都不外乎赭与墨。但魏画，如青色，则是用白粉来描的。唐画的起首一道描，往往有马虎的，但最后一道描，却都很精妙。壁画是集体创作，高超的画家，经常是只负责起决定性的最后一道描的。

敦煌藏经洞发现唐供养人像

但这都不能说是白描人物画。我们所讨论的“白描”是指水墨人物画，是单以墨线条来描绘而不再加颜色。

郑重：吴道子画的壁画，有的就是白描的。

谢稚柳：是的。唐朱景玄《唐朝名画录》：“景玄每观吴生画，不以装背为妙，但施笔绝踪，皆磊落逸势。又数处图壁，只以墨踪为之，近代莫能加其彩绘。”这就是说吴道子有数处壁画，都是“白描”。

吴道子的壁画描法和敦煌壁画描法有所不同。他担任了起首的第一道描。因为上了色，又须把它掩没。这些弟子唯恐最后一道描时，无论在哪一方面，会失去第一描的精神，因此，只好沿着第一道描来填上颜色，不致把原来的描笔掩掉。“白描”是由着色演变而来，从线的运用上，没有本质的区别。

吴道子的线描是很特别的。如朱景玄《唐朝名画录》：“吴道子画兴善寺中门内神‘圆光’时……立笔挥扫，势若风旋。”宋苏轼“吴道子王维画”诗，有两句形容吴的画笔：“当其下手风雨快，笔所未到气已吞。”宋郭若虚《图画见闻志》“论曹吴体法”：“吴之笔，其势圜转，而衣服飘

敦煌藏经洞唐菩萨像白描稿

举……故后辈称之曰吴带当风。”根据这些叙说可以知道，他下笔非常迅疾，所描绘的线条，特别灵动与圆转，所形成的衣服形态，也特别显示着飘动的一面，有一种轻飘飘的好像在风前被吹动着的感觉。所谓“吴带当风”，正是专门来形容他的这一特征的。但是，他的画笔，到底是怎样的一种形态呢？据宋米芾《画史》：“行笔磊落挥霍如莼菜条。”元汤垕《画鉴》：“早年行笔差细。”后来相传又有称他的用笔为“兰叶描”的。明汪砢玉《珊瑚网》“古今描法”说：“柳叶描。似吴道子观音笔。”我们试来辨析这两种说法。所谓“莼菜条”，应该是指的莼菜的瘦秆子，是拿它来形容线条的圆润而粗细一致的形体。而“兰叶描”或“柳叶描”，又应该是指线条有阔狭如兰叶或柳叶的形式。我们试把莼菜的瘦秆子同兰叶或柳叶来比，显然是两种不同的形态。那么，他是不是有两种不同形态的线条呢？他的画笔，既已没有流传，我们试图用其他画笔来推论它。

郑重：有什么样的作品可作评论吴道子画风的参照坐标呢？

梁令瓒《二十八宿神形图》（局部）

梁令瓒《二十八宿神形图》（局部）

谢稚柳： 据历来的叙说，中唐时的梁令瓒，是学吴的画派的，现在流传着他的《二十八宿神形图》。北宋武宗元是学吴的，现在流传着他的《朝元仙杖图》。北宋李公麟也是学吴的，现在流传着他的《五马图》。从他们的画笔来看，线条形态都不一致，自然，这些线条，又有了他们自己的风格在内。

梁令瓒的用笔，细劲而圆转，从头到底粗细一律。据夏文彦《图绘宝鉴》，说是李公麟说的，梁令瓒的《二十八宿神形图》“甚似吴生”。

郑重： 李公麟的白描有《五马图》《莲社图》，可否说他是开创了白描的风气？

谢稚柳： 白描的画派，的确是到宋初才开始普遍盛行起来，如武宗元、李公麟的白描画，今天我们都还能见得到。

李公麟的白描最好的还是《五马图》。他的用笔，粗细也是上下一律的。据米芾《画史》：“李常师吴生，终不能去其气。”汤垕《画鉴》："李公麟宋画人物第一，专师吴生。"

武宗元的《朝元仙仗图》，他的用笔较粗壮，用墨多而粗细比较不一律，这是不是所谓的"兰叶描"或"柳叶描"呢？

论风貌，我们不能忽略了时代性，梁令瓒与吴道子是同一时代，而且同一时期，梁唯一传下来的画笔，李公麟又说它"甚似吴生"，我们是不是应该多相信一点梁的画笔呢？

在北宋，武宗元以学吴道子画派驰名当代，到李公麟的画派兴起，武在画坛上的声势，似乎被李所掩盖。而他的画笔，却被人认作是吴道子了。如前面所提到的《朝元仙仗图》，在南宋，就一直被人当作是吴道子的画笔，直到元代赵孟頫才认为"不敢以为吴笔"。几百年来，承认了赵的看法而被肯定了下来，此外尚有历来被认作是吴道子画的《送子天王图卷》，却又是从武的画派所出，其程度远较武为低下。可见南宋以后，认为是吴道子的画，都是这种面目了，因为，它们的描法，都好像兰叶或柳叶的形态。

李公麟的用笔"如行云流水有起倒"，的确是有开创性的。他从起笔到落笔，流利、抑扬顿挫是有转折起伏的。从中唐前后的画派来看，它的用笔转折，大都是圆的，从起笔到落笔，是顺势而下的，可以形成如米芾所说的"磊落挥霍"。而李公麟的用笔，却用了方的转折，如《五马图》中的人像，表现衣褶等的笔势，显然已不是对吴道子"亦步亦趋"了，所谓"有起倒"，也从这里可以明显地看出来。这一形态，为唐以前所未有，也是武宗元所没有的。在写实方面，是一种新的创格了。同时他的爱好"白描"，把高度的艺术性寄托到"白描"上。他更喜欢在纸上创作，因而在笔势上产生了一些"飞白"和"毛"的形态，一方面自然是由于他的创造性，一方面在工具上——如绢与纸的性格不同，也促成了它的这一种情调，因而演变了笔墨的形态。

郑重：前面提到的梁楷也是白描高手，对他的画你已经说了一些，能否从白描的角度再做些评论？

谢稚柳：南宋的水墨人物画，梁楷最突出，白描的风格，清刚而老辣，喜欢写一些佛教题材的画，笔调很方挺。据历来的叙说，他学的贾师古，贾的白描人物学的是李公麟，贾的画已经看不见了。依据这些叙说，那么，他的风格，也是独创。因为，我们从他较早的作品来分析，似乎与李公麟毫无关涉，而是南宋一般较粗放的面目。以他的白描来看，已经完全变易了这一种形体，而有一种极生、极清的情味，用笔简括而气势飞动。当时称它为“减笔”，说明他的描绘是偏重简略一面的。但是，他的笔虽减而表达内容却是扼要的。对形象各个部分的描绘，能抓住要点，能生动而曲折地表达其神情。

此外，他还有一种泼墨画法，不走历来以线条为描绘的主要方式之路，而用粗阔的笔势和浓淡的水墨，不多几笔就刷出了衣服折叠的形态，真是一种奇特的表现。因为这种画法，不适宜于慢而需要依靠一种气势，即不可能事先打稿子，下笔的时候更不容许有所迟疑，它奔放而有法度，阔略而传神，真所谓“意在笔先，笔周意内”了。他的这种得心应手的技法，这种大胆的变格，形成了特殊的艺术性。在画派之中最突出，是前所未有的。

这位“疯子”总算幸运，一卷细笔白描《黄庭经神像图》还幸存于世，惜冷落少为人知。梁楷画派的渊源，将从此图中得以分明。

贾师古师法李公麟，梁楷正是李的再传弟子。这一卷的艺术描绘，繁密的铺陈、谨严的骨体、精劲的白描、过多的自己个性，透露着师承形迹。探本溯源，能说不是李公麟、贾师古的一家眷属？导引心源的是李与贾，而抒发心源的是才情，这一卷精工白描的巨制，透露了来龙。九转丹还，奔腾幻化，变而为豪放，减笔，显示了去脉。没有见到过这一种形体的，自不可能想象后来如何会如此地放浪不羁，绝去畦径，而单单见到他的后来，就不免起宋濂“误矣”之叹！一个画派的形成，如此的剧变是足以使人惊奇的！

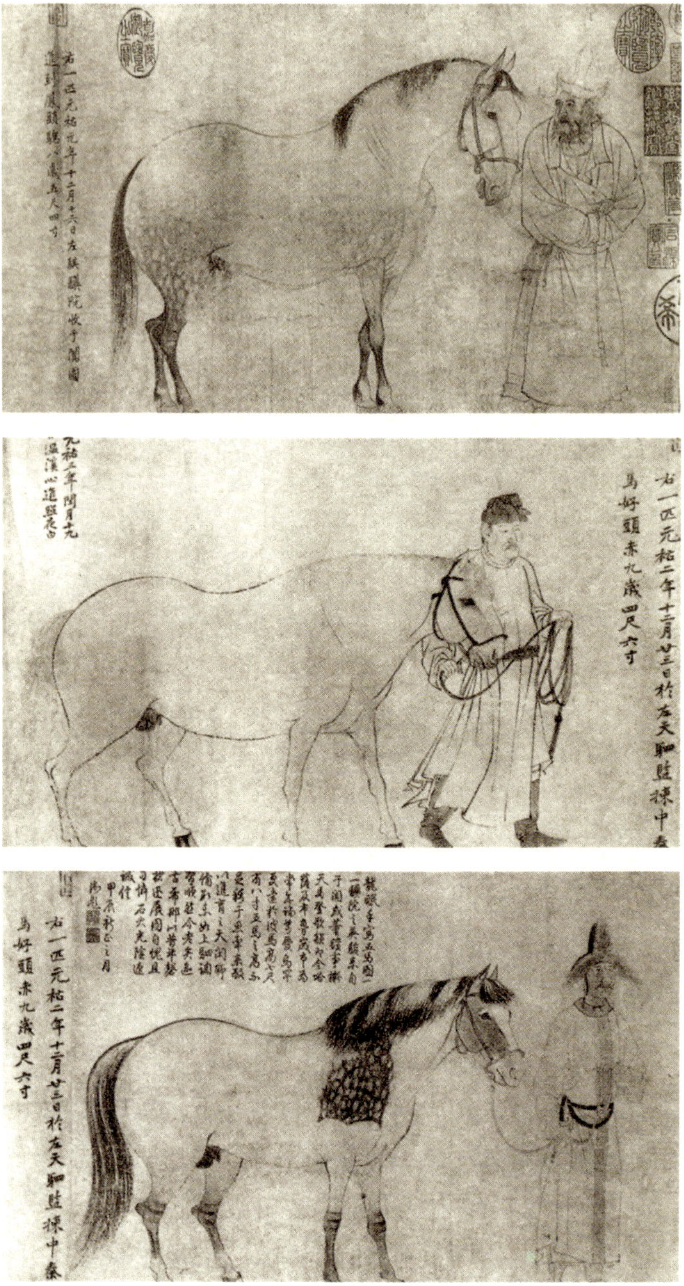
右一匹元祐二年十二月廿三日於左天駟監揀中秦
馬好頭赤九歲四尺六寸
右一匹元祐二年十二月廿三日於左天駟監揀中秦
馬好頭赤九歲四尺六寸

李公麟《五马图》（局部）

郑重：从绘画史来看，白描发展到元代，是否到了高峰？元以后的白描是否又从高峰上跌了下来？

谢稚柳：元代的白描，首推赵孟頫，他追求唐、宋的风格，推崇白描，从北宋的流风余韵，上追唐人的体制，企图与北宋并驾齐驱。他的用笔，是一种温和清腴、骨肉停匀的形态，乍看似乎文弱，没有壮健外强的气势，实则外露凝静而精力内聚。这是他对唐人笔法的修养，加上他自己的情态，因而显得非常高古。

现在所见到赵孟頫的花鸟画，都不是工整着色，只有那幅号称是宋人的《黄鸟竹石图》的黄鸟是着色的，但也不是工细的描绘。此外，还有《山鸡棘竹图》和《鸳鸯》都是墨笔。《鸳鸯》的描绘，异常简括，他自称是“写生”，从他对山水画的主张来看，这样的水墨花卉，也是与“近世笔意辽绝”的。正如他在陈琳的鸭子画上的题词：“陈仲美戏作此图，近世画手皆不及也。”事实上在这幅画里也是有他的笔墨在内的。

元代初期的人物画，如钱选、任仁发，在南宋之后，都是新兴的格调。白描尤应推赵孟頫为大手笔，竭力追寻艺术的高级性，因而推求技法以愈古为愈高，如有时画的发髻等，就采取了晋人的形态与技法。

元代的画派，白描的风气最盛，以赵孟頫为首，再有如王振鹏、张渥、卫九鼎等，都是白描画的杰出作家。自然，如南宋豪放的与工细的，从气质与形态，与这一派的风格，是根本不相容的。元人追求笔墨的静美，使得形象方面，已产生了新的情调了。

赵孟頫的画派，一切要推到北宋以上。他的水墨竹禽写生，却不是细致的描绘，又不同于杨、汤的风格。他是简略的粗笔，也不同于南宋豪放的体格。据叙说，他的梅花，树干学的是华光长老仲仁，而花用别法。

他写兰，比较与赵孟坚接近，老笔纵横，显示了苍劲纷披的意态，风格完全不同；而情态飞跃的禽鸟，也是通过简略而扼要的笔墨。

他的用笔，是凝练的形体。讲求含蓄，绝不露出笔的锋芒，不主张以清标纤秀为描绘的主要风格，讲求莽莽苍苍、沉厚的情味。如清标纤秀就只是总体之中所包含的一点。

他又善于写马，当时的评价，以唐韩幹来比他。试从他的白描画笔来看，流派与李公麟接近而较为纤秀，同是出于唐人画派而为真实描绘。因此，他对自己的艺术评价：他不敢与韩幹相比，而是不输于李公麟的。

元代画马，聚集在赵氏一门，他的儿子赵雍，孙子赵麟，都以画马著称，也都是从他的风格中来。当时风气最盛的是墨竹。

元代很不喜欢南宋那种豪纵泼辣的格调。以赵孟頫为首的纸本白描画派，刻意于温润凝静的笔墨情趣。以前的取势外强的风调，被视为不高的艺术表现。

元人的纸本白描，是与其他不相混淆的独立的风格，为元代所反对的南宋画派，如吴伟等，就是它的继承者。

李公麟《临韦偃牧放图》（局部）

梁楷《黄庭经神像图》（局部）

当时画状元的吴伟，正是南宋豪放风格的代表。论他的描绘，豪爽明快，有飞跃的气势，导致了神情的流动，加强了它的形象性，较之南宋的画派，又有了新的发展。这一风格，当时的作者都奉为典范，而风气所开，流入于狂怪而油滑的境界，形成了格调的卑下与公式化，则是南宋画派的末流了。

郭诩的画笔，一样是走南宋的路子，而情调比较凝静，对于情态的表达，它的艺术性相当高；还有一种细笔描勾，继承了元人的白描画派的，更能表现深刻的神情。

唐寅的“美人”历久不衰为人所称道。由于历来流传在民间的一些传说，使他更神化了。事实上，他并没有超出南宋的藩篱，明眸粉颊，乃是南宋院体的后身。他对衣褶的描绘，一般都是较粗放而有抑扬顿挫的笔势。从这里流衍出来的新风貌，又产生了一种小眉、小眼、尖削下巴，在刻意描绘弱不禁风的情态。这种形体的表达，显示了风格的弱小与庸俗，在明代以前是绝无先例的。

仇英，是摹古专家，对于南宋的工细各派，有高深的造诣，但也有一些是写实的。他的画艳丽而工细，需要耗费的精力与时间是很长的，因此，他的作品应该不会多，白描的更少。和他的着色画一样，白描的也是南宋的风格，兼备着细笔与粗放的两种描法。其细笔的修饰是非常

谢稚柳、陈佩秋与学生李蓉蓉、蔡立群在香港艺展上的合影

法常《观音图》

整洁，形成了形象的挺健气格；粗放的，较之一般南宋的画笔仍属于整饬的一面。至于面部的描绘，有时很接近马和之的。此外，还有一种极圆润的描法，完全是元人纸本白描的情调。

明人的这种小鼻、小眼的画风，整个影响了清代，如改琦、费丹旭这一派的作家，努力在这一方面发展，好像妇女非这样不足为美，绘画的艺术性也非此不足为高。清代二百几十年的画派之中，已如水流花谢，春事都休！

篇之陆

话梅、说竹

画竹始于何时？以往多认为是从王维的墨竹开始，所据当然是苏东坡的诗文。后来，在唐章怀太子墓壁画上发现了墨竹，王维首创之说才得以改变。不管怎样，以竹入画那是从唐代就开始了的。在梅、兰、竹、菊中，竹子入画最早，并列为“四君子”者当是较晚的事了。谢稚柳的研究在于绘画本体，不做画外象征性的联想。在梅、兰、竹、菊中，谢稚柳对画竹和画梅的研究是很深入的，他的画竹、画梅之作也独具风标。

郑重：王维的墨竹还有传世之作吗？

谢稚柳：苏东坡的《凤翔八观》诗，其一为《王维吴道子画》，后人对王维墨竹留下印象的，都是从苏东坡的诗得来的。

为了明白诗的内容，笔者抄录于后：“何处访吴画，普门与开元。开元有东塔，摩诘（王维）留手痕。吾观画品中，莫如二子尊。道子实雄放，浩如海波翻。当其下手风雨快，笔所未到气已吞。亭亭双林间，彩晕扶桑暾，中有至人谈寂灭，悟者悲涕迷者手自扪。蛮君鬼伯千万万，相排竞进头如鼋。摩诘本诗老，佩芷袭芳荪。今观此壁画，亦若其诗清且敦。祇园弟子尽鹤骨，心如死灰不复温。门前两丛竹，雪节贯霜根，交柯乱叶动无数，一一皆可寻其源。吴生虽妙绝，犹以画工论。摩诘得之于象外，有如仙翮谢笼樊。吾观二子皆神俊，又于维也敛衽无间言。”

谢稚柳：循诗意，如“交柯乱叶动无数，一一皆可寻其源”“摩诘得之于象外，有如仙翮谢笼樊”。可以想见，从描写的形体而言，看来不再是双钩敷彩，而是放笔撇出的写意形体。因为，在王维之时，颜色都是矿物质的石青、石绿，是用作敷染，从未闻可运笔作撇出的形体。

而所谓"得之象外"，也不是称说双钩工细的写真描绘。吴道子所画的似为"佛入涅槃"或"树下说法"之类的题材，今天在敦煌石窟，还可以见唐代这类题材的壁画，是工整敷彩场面较大的煌煌巨制。苏东坡尽管称道吴道子画笔为"妙绝"，但因为它工整敷彩，还是说他"犹以画工论"。而对王维的两丛竹，却不胜赞叹地说"敛衽无间言"。由此可以领略到苏东坡的艺术旨趣，不在于煌煌巨制，不在于工整，而在于写意的所谓"得之象外"的艺术风裁。

如果说王维的两丛竹，所采取的是撇出的写意形体，而这一形体又为石青、石绿矿物质颜料所不能表现，那么，"交柯乱叶动无数"，说它是墨笔撇出的，应该是符合诗意的，虽然诗里没有提到墨。

诗是说，王维对竹的描写，交叉的竹枝和无数生动而繁乱的竹叶交在一起，却一丝不悖竹的生理，是神乎其技的表现。如果说诗是形容的双钩竹，则本来是笔笔交代清楚不容紊乱的描绘，说"一一皆可寻其源"不是多余的吗？而"有如仙翮谢笼樊"，不是说画笔的不受拘束吗？苏东坡对王维的两丛竹，叹为"得之象外"，可见王维不是工整敷彩，"得之象外"正是与"画工"相对而言的。

郑重：从章怀太子墓壁画上的墨竹能推测出王维墨竹的风格吗？

谢稚柳：在陕西，唐武周时章怀太子李贤墓后甬道东壁，墓后室东壁，都画有丛竹，都是墨笔撇出的形体，这又在王维之前，可见以墨笔画竹也不是王维所创始，而是早已运用了。苏东坡这样赞叹王维的画竹，说它比章怀太子墓壁上所画的要高妙，这是可以想见的。

陕西乾县章怀太子墓壁画《观鸟捕蝉图》

苏东坡在《凤翔八观》诗的序言里，写了这样几句："而好事者有不能遍观焉，故作此诗以告欲观而不知者。"宋人大都是"欲观而不知者"。所以刘道醇说"于古无传"了。从章怀太子墓壁画上的墨竹可以判定王维的墨竹也是撇出来的，其余的就无从知道了。

郑重：你对徐熙的《雪竹图》论述得最为透彻。

谢稚柳：南唐花鸟画家徐熙，在北宋，与蜀黄筌的画派并称。但两者风格不同，"徐黄异体""黄家富贵，徐熙野逸"。从绘画艺术而论，徐熙的画派，无疑是一个特殊的形体。

对徐熙的画论者甚多，《宣和画谱》中说："今之画花者，往往以色晕淡而成，独熙落墨以写枝叶蕊萼，然后傅色，故骨气风神，为古今之绝笔。"

宋苏轼题"徐熙杏花"诗："却因梅雨丹青暗，洗出徐熙落墨花。"又题《宋赵昌山茶》："何须夸落墨，独赏江南工。"《宣和画谱》也称"独熙落墨"，可见徐熙与当时传统的不同之点是"落墨"。既然传统的画法，都要先用墨来进行描绘，那么何以独独对徐熙的画派，要称它"落墨"呢？

29岁的谢稚柳在重庆大德里寓所

据宋沈括《梦溪笔谈》："徐熙以墨笔为之，殊草草，略施丹粉而已。"《宣和画谱》和《梦溪笔谈》，都说他先用墨笔，然后着色，而且所着的颜色，也是约略不多的。

《图画见闻志》引南唐徐铉所说，徐熙"落墨为格，杂彩副之，迹与色不相隐映也"。徐熙的《翠微堂记》，对自己的画法作这样说明："落笔之际，未尝以傅色晕淡细碎为功。"这样，又说明他的画法是不以着色为主。所谓"迹与色不相隐映"，指所着的杂彩是并不掩盖墨迹的。这样说来，他的墨是如何落法，杂彩又是如何加法的呢？

宋李廌《书品》所记徐熙的《鹤竹图》："丛生竹篠、根、干、节、叶，皆用浓墨粗笔，其间节比，略以青绿点拂，而其梢萧然有拂云之气。"照李廌所记，简单明了，所谓"落墨"，只是浓墨粗笔，然后在节比略加一点青绿的颜色，似乎并无多少深奥之处！但是，据米芾《画史》："黄筌画，不足收，易摹，徐熙画，不可摹。"李廌所说徐熙的画法，是很容易如法炮制的，怎么米芾反而说他"不可摹"呢？如其说米芾是对它的骨气风神而言，那么，《宣和画谱》虽然称黄筌画"神而不妙"，而那点"神"，又岂是容易做到的，怎么米芾反而说他"易摹"呢？

试把以上的这些叙说，合拢起来看，所谓"落墨"，可以得到这样一个印象：

所谓"落墨"，是把枝、叶、蕊、萼的正反凹凸，先用墨笔来连勾带染地全部把它描绘出来，然后在某些部分，略略地加一些色彩。它的技法是，有双钩的地方，也有不用双钩只用粗笔的地方，有用浓墨或淡墨的地方，也有工细或粗放的地方。整个画面，有的地方只有墨，而有的地方是着色的。所有的描绘，不论在形或神态方面，都表现在"落墨"，即一切以墨为奠定，着色只是处于辅助地位。至于哪些该用勾，哪些不用勾，哪些该工细，哪些该粗放，哪些又该着色，只是随着真实的艺术而变化，绝对没有固定的规律。换言之，在一幅画之中，同时有用勾的，有用粗笔的，有着色或用墨的。由于它没有常规，不可捉摸，风调的特殊，性格的特殊，自然就“不可摹”了。因而在当时，特别用“落墨”来区别这种体制。

这幅《雪竹图》，无题款，在石旁的竹竿上，有倒书篆体“此竹可值黄金百两”八字。这也不能对此画提供一些旁证，只有从画的本身来加以辨认。它的画法是这样：那竹竿是粗笔，而叶纹又兼备有粗、细笔的描勾，是混杂了粗细不一样的笔势的。用墨，也采取了浓和淡多种不混合的墨彩，竹的竿，每一节的上半，是浓墨粗笔，下半是空白，一些小枝不钩轮廓，只是依靠绢底上烘晕的墨反衬而来，这些空白的地方，都强调了上面是有雪的。左边那棵树的叶子，一部分用勾勒，一部分也是利用绢底上的烘墨来反衬出来，地坡上一簇簇用墨所晕染而成的也是雪。在总体上，它是工整精微的写实，而所通过的描法，是细和粗的多种笔势与深和淡的多种墨彩所组合而成，它表达了一林竹树，在雪后高寒中劲挺的风神。

当年，笔者听谢氏谈徐熙《雪竹图》，又读了他的论述文章，脑子里产生了两个问题，一是徐熙的画以“野逸”著称，而此图是细笔描勾，从这幅画中如何理解它的“野逸”之气？定名为“雪竹”，但画面看不到雪，何以叫雪竹？未能深入听他的观点，至今引为憾事。

谢稚柳与沪上众画家

徐熙《雪竹图》

谢稚柳论各家各派墨竹

文同墨竹

墨竹，在北宋，为士大夫之间所崇尚的艺术表现。文与可收到求他画竹的绢，看来太多了，致使他恨恨地说："吾将以为袜。"他有一首从一至十字的咏竹诗，末句写道："图写潇湘之形，莫贤于仆。"苏东坡也画竹，"自谓于文拈一瓣香"。写竹枝不逐节分。米芾称道其"运思清拔"。文与可每画竹，对人说："无令着语，待苏翰林（东坡）来。"笔情墨意，襟思洒然的画中有诗，诗中有画，是墨竹的妙谛。绘画的历史行程，一天一天地将骚人墨客领向别一个天地。

墨竹，指的是用墨笔撇出的形体，以别于双钩敷彩。艺术的高度在于它是"超乎象外"。

米芾《画史》："以墨深为面淡为背，自与可始也。"自然，米芾并不是说墨竹是文与可所创始。

刘道醇《圣朝名画评》："写墨竹于古无传，自沙门元霭及唐希雅、董羽辈始为之倡。"刘道醇也只是说："于古无传。"

南唐以前的墨竹史，在北宋已是寂焉无闻了。

李煜的"金错刀"

李煜，是历史上著名的大词人，花鸟画能手，又善于书法，创造了一种体势，谓之"金错刀"，可惜现在已没有他的笔迹流传了。据米芾说，他的画格是清丽可爱的。他自己特别得意的是双钩竹，据宋黄庭坚《谢黄斌老送墨竹》诗的自注："世传江南李后主作竹，自根至梢，极小者一一勾勒成，谓之铁钩锁，自云惟柳公权有此笔法。"当时的唐希雅，也是南唐花鸟画名家，他又发现了用李煜的"金错刀"法来写竹。因此，"金错刀"后来成为一个典故，凡是写墨竹，就美其名曰"金错刀"。又把书法的"金错刀"，做了墨竹的代名词。

李煜以唐代柳公权写字的笔法画竹，是通过双钩的方式。唐希雅以

文同《墨竹》

李煜的“金错刀”法画竹，又是怎样的方式呢？

据《宣和画谱》：“李煜‘金错书’（即金错刀），有一笔三过之法，虽若甚瘦，而风神有余。”

由于李煜的“金错书”与唐希雅的画笔，都已没有流传，根据定理和《画谱》，我们知道这种笔势是很瘦的。而他通过这种瘦的笔势来写竹，是不是采取双钩的方式呢？

宋刘道醇《圣朝名画评》：“伪唐李煜好金索书（即金错刀），希雅常学之，乘兴纵奇，因其战掣之势以写竹树，盖取幸于一时也。”

宋米芾《画史》：“唐希雅作林竹，韵清楚，但不合多作禽鸟。又作棘林间战笔小竹，非善。是效其主李重光耳。”

《宣和画谱》的“一笔三过”，即《圣朝名画评》的“战掣之势”，亦即米芾所说的“战笔”。由于他的“乘兴纵横”“盖取幸于一时”，也只是在棘林间的小竹，偶然表现一下金错刀，而遇到成林竹，就绝对不用此法了。

赵佶画竹

《四禽图》为四段，《写生珍禽图》有十二段。其中有竹的，《四禽图》有一段，《写生珍禽图》有四段。都是撇了的形体，全用焦墨，不分浓淡，竹叶的交加处，都空一白道，使两叶错杂不相混。正是如《图绘宝鉴》所叙说的，“密处微露白道”。竹的细枝，形体大似崔白《双喜图》中的竹枝，只不过不是双钩而已。大抵崔的笔势强劲，而赵佶秀挺。艺术的风采，从某一传统来，从而表现自己的情调。物体不变，同是写生，又各自发抒自己的艺术个性，中间夹着一些带有来历的迹象，这便是创作。借鉴、生活、创作，从文学、艺术而言，是自始至终贯串于其中的。《南宋馆阁续录》记：写生墨画十七幅，宣和乙巳仲春赐周淮。可能《四禽图》，抑或叫《写生珍禽图》，正是赐周淮十七幅中所散失。两者笔墨一致，情调一致，显然是同一时期所作。宣和乙巳（1125）为宣和七年，时

赵佶《四禽图》（局部）

赵佶44岁，明年丙午，即为钦宗靖康元年，是《四禽图》《写生珍禽图》或并为赵佶被掳前二年之笔，亦显示其风调与其中期之作有所不同。

赵孟頫画竹

赵孟頫是收藏家，讲求笔法。写画如作书，是他追求的艺术妙境。“石如飞白木如籀，写竹还于八法通。若也有人能解此，方知书画本来同。”这便是赵孟頫的古木竹石论。然而他以书法来描写竹，把竹叶的肥阔或瘦劲，参差和向背，以及竹枝与根节，圆劲和屈曲的形态，一一地表达了出来。特别可以指出的《山鸡棘竹图》，显示他达到了所追求的目标。在画竹风气最盛的元代，李衎与顾安善于描写风姿雨意，风标隽秀。而赵孟頫清森朴茂的笔势，是“浮花浪蕊都尽”的艺术性情，尤为难能可贵。墨兰与赵孟坚的面目相同，但在兰叶方面，显出两人的感觉不同之处。赵孟坚偏重在形与态，而他兼顾到质的一面，赵孟坚是柔媚清腴的情味，而他是苍劲的格调。笔势的变换是对象情态的变换，事实上，与赵孟坚是同源的。

赵孟頫以不露锋芒的厚重笔势、丰腴的水墨所描绘的竹，对于枝叶的向背纷披，俯仰疏密，错综而挺拔，生动而多变，深刻地表达了竹的形与神，强调了竹的美感。

他不用双钩而采取撇出的方式，对风前雨后、摇曳生姿的描写，浑成地有亲切的真实感。这种观察与体验的程度，虽与双钩的同等，而表达的手法，却更要比双钩的艰难而卓越。从扬补之、徐禹功、赵孟坚等这些作家来看，他是杰出的墨竹神手了。

吴镇画竹

历来的叙说，吴镇墨竹宗文同。“湖州竹派”的李珩，与他的画笔，并无共同之处。同一的体系，已各立门户，风格自别了。

在元人的竹派之中，他的写实方式，是比较粗枝大叶的，他组织竹

吴镇《墨竹图》

的形体，阔略随意。显然，他不想在这方面投入多大的注意力，把竹叶间的繁文缛节做周密的交代，而刻意于老辣的笔意。他对于竹的风情雨意，客观的表达，不免过于删繁就简，脱落形迹，因而妨碍了神情的发挥。这里不是说他老辣苍茫的笔意，而是他的艺术创造性，显得过于质朴了些，简括了些。

吴镇画竹是从竹的一节一叶画起，在法度中用功夫，使得胸中真有成竹，久而久之与笔墨相忘。这就说明他的脱落形迹，正是从一节一叶中体验所脱化，他自己认为在表现较高的境界了。

李衎画竹

与赵孟頫同时的李衎，一生从事于写竹，苦心孤诣地追求文同，并且又深入竹林中体察它的风姿雨色，新篁与老梢多种多样的形态，是如此丰富而多能，从他的技法到体验真实所打下的基础，是毫发无遗的。但是，他的体察有余而表现较逊，似乎他的学力有余，而才情稍逊。虽然他的精工之处，要超过于赵，而他的气格，却显得拘谨不够灵动，不如赵的舒展自如、真态毕露了。

这样批评李衎，似乎过火了一些，但是，他之不如赵，确首在这一点。如若不以他们两人来相提并论，那么，不免显得“深文”了。

顾安画竹

顾安的体貌最近李衎，而风骨较李衎柔媚。其明洁的笔墨，精巧的铺陈，表达了清影婆娑的情态，有一种楚楚动人的怜意，显出了他丰富的创造性。由于偏重婀娜的一面，不免有过分修饰的痕迹，而缺乏苍劲的气格。它宜于表达新篁，而不适于老梢的描写。

夏昶画竹

《戛玉秋声图》的作者是夏昶，是写竹专家，当时画名传播极远，有“夏卿一竿竹，西凉十锭金”之谣。在元代墨竹盛极之余，王绂的画竹，起了新的风貌，夏昶正是他的继承者。从这一图看来，说明其情味要比王绂朴质些。

石涛画竹

道济描绘最多的是梅、兰、竹、菊，墨竹出于夏昶一派，比夏昶要清刚而放纵，才调显得出奇，水墨的变幻也显得复杂。细劲流动的线条参差重叠地勾出的梅花，是他的创格。他喜欢写弯曲转折的梅枝，在枝干转折之处，有时使它不连接，有一些脱节，来表达正面转折的姿势，这也是创格。以明快的笔势所撇出的兰与粗勾的菊，有一种高爽的情调，显示了兰菊的风露清姿，形成了新的体貌。又如荷花、水仙，在花瓣的尖端再加一道浓墨的复勾，强调了花的精神与气格的清新。他的技法与形式，虽与朱耷具有同样的刺激性，但属于尖利的一面。笔墨的性格，也特别高爽而有锋芒。

郑燮画竹

刚挺而多偏笔，但格调不高。

石涛《竹石梅兰图》

郑燮《竹石图》

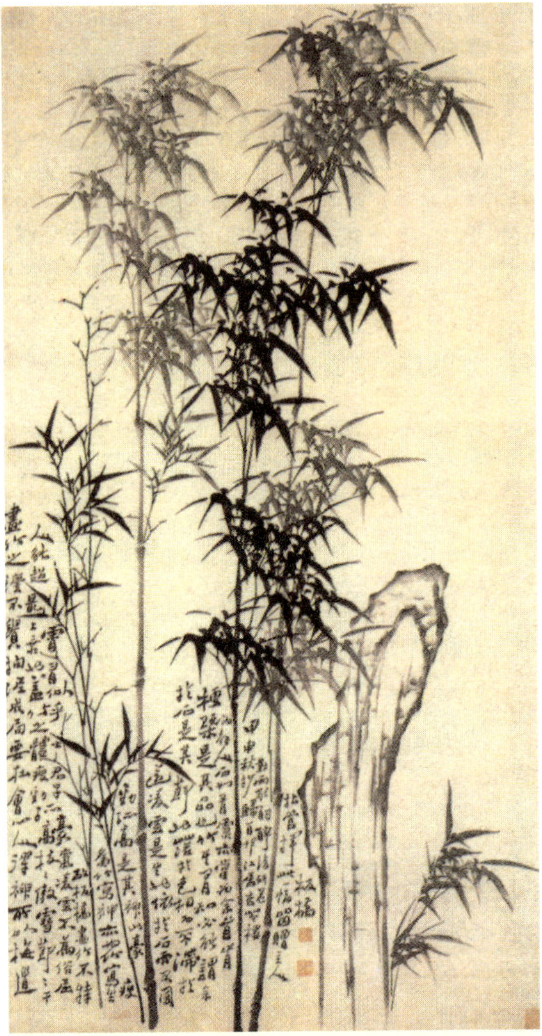
谢稚柳《笼雾拖烟》

谢稚柳论画梅

扬补之画梅

既不是工整的流派，也不是豪放的风貌。他讲求潇洒，讲求清高，既不同意无微不至的描绘方式，也反对轻狂不经的作风。他所主张的是幽静、斯文、谈言微中的情意，使整个的气氛在于笔的洒脱与墨的珍惜。写实的功夫是画意与诗情的结合。

他的画梅是淡泊、“一襟清思”的风格，如所写的大小梅枝，凝练地只用一笔来构成它的形体，而不是通过双重线条所组成，墨微淡而有时带干，带干的露出了“飞白”的笔势。通过这种笔势和墨色，来表示梅的苍皮斑驳的老干，显得浑成而没有刻画的痕迹。花瓣只是做几个圈。也不再表现花瓣的皱叠与正反，最小的蓓蕾，只用浓墨做一点。

赵孟坚画水仙

赵孟坚是宋王朝的宗室，入元后隐居不出，是水墨花竹画的高手，承继了杨补之的画派。他所画的松、兰、竹、水仙，就是清高取胜。水仙纯粹采取双钩的方式，从单片到复瓣，工整而细密的写生，配合了劲挺而纤秀的勾笔，是形与神的综合表现。

王冕画梅

王冕画派出于扬补之、赵孟坚，而更善于修饰，繁枝密花，千蕊万朵，有时占满在一幅上。写嫩枝，一笔拉到几尺长，枝的梢头露出了笔的尖锋，利用这样起落的笔势，特别突出了它的清拔性。

赵孟坚《岁寒三友图》

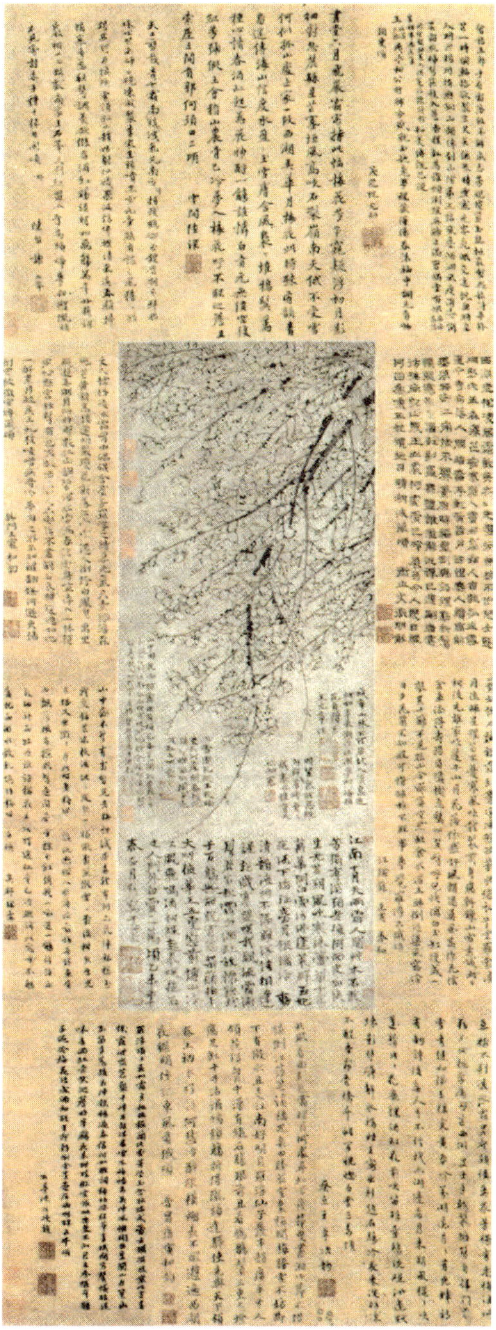

王冕《墨梅图》

篇之柒

鉴别与欣赏

书画鉴赏乃是专门的学问，现实生活中，书画鉴赏家如凤毛麟角，而书画的欣赏者却如繁星满天。但是如何欣赏书画？诸如欣赏的条件、欣赏的依据、欣赏的根源等，作为一个书画的欣赏者需要具备什么样的条件、知识和眼力？关于这些问题，谢稚柳谈话及著作中都讲了许多。现整理归纳如下：

郑重：鉴定与欣赏两者之间有何不同，又有着什么不同的要求？

谢稚柳：作为欣赏来说，每个人都有个人的爱好。比如吃东西，有喜欢吃甜的，有喜欢吃咸的，这是个人的喜好。艺术欣赏也是这样，各人有各人的爱好。但是搞鉴定，要确定一件作品的真伪时代，那就不能由自己的高兴不高兴，不能由你喜欢不喜欢。那你到底说他是真是假？出于什么时代？比如说，我们现在说扬州八怪中的郑板桥，郑板桥不得了，当时名气特别大，但是，现实一点，我会说这个画家的画比较一般。但历史上已经承认他是扬州八怪之一，你要鉴定他的绘画，评论他的绘画。郑板桥不好，你谈绘画可以说他不好。但一张东西在这里，你要交代这张到底是不是他画的。如果郑板桥的画是真的话，你得承认是郑板桥的。因为他是扬州八怪之一嘛，尽管你个人不喜欢他。但你在看这张作品时，你不能因为不喜欢而否定他，你要交代清楚这张到底是不是郑板桥的。现在外面人家做的假郑板桥的画多得很，因为他名气很大。判别真伪是鉴定家的事情。现在我们在绘画艺术上认为他不行，你不喜欢他。评画的时候，说因为画风低落了，变迁了，你可以这么说，但你要指出他的弊端所在，他的毛病在什么地方，你为什么不喜欢他。可以说出许多理由，这就是欣赏的问题了。

黄居寀《山鹧棘雀图》

郑重：既然欣赏是各有所好，这中间有没有客观标准呢？

谢稚柳：欣赏虽说是主观爱好出发，但不能不配合客观的事物与条件，至少说，对于形象的认识与理解是必要的。比如，认识了梅花的形态，是如此这般的，那么，试来欣赏画中的梅花，它是怎样来表现的呢？如果把梅花的干子画得像藤萝的干子，梅花的瓣子画得像桃花的瓣子，这样的描绘显然不对。画梅花，首先要从认识与理解真的梅花出发。这样，欣赏就有了根据。从而再涉及它的艺术加工。这当然还只是基础的，深入下去就是它的艺术性，而不只以形象的真实的再现为满足。假如能做到这样，判断它的艺术性就不至于有多大的高下，欣赏也不会成为什么问题。

郑重：欣赏的过程中，第一印象极为重要。这个第一印象能不能用到绘画的欣赏？你是怎样看的？

谢稚柳：欣赏一幅作品，第一眼，你感到的是它的总体，这第一步的欣赏，有的吸引了你，有的觉得平平，把它放过去了。一些欣赏家往往是采取这样的方式来总结一幅作品的美与丑。这样虽说是欣赏的第一步，却成了欣赏的终点。这就显得很不够而且要误事。因为，一下子引起注意的，不一定是好画。它可能只是某一点上是突出地、一刹那能吸引人，使你的眼睛突然起了一种错觉。而平平引不起注意的，也不一定不好。它虽不能从表面上来吸引住人，却可能有耐人寻味的美。所谓总体也就是结构。欣赏的范畴里，绝对包含这一点，而且是最重要的一点。结构的好坏，不是一眼所能解决，因为它是由许多细节所组成的。

谢稚柳与杨仁恺在鉴定书画

王鉴《仿黄公望山水》

郑重：那么，何以某一件作品，一下子能吸引人的兴趣，刺激人的情感；而某一些作品，一下子又令人兴味索然，感到它的无味呢？

谢稚柳：一些情况是这样的，如有些人对于墨彩的淋漓，笔势的泼辣，赞美它奔放的豪情，所以每当见到这一类的画派，首先就神志飞扬，看作神妙。但是，淋漓不等于泛滥粗造，泼辣也不等于暴跳丑怪。可是，有时在这方面往往混淆了起来。又有些人对于墨韵的洁净、笔势的精细很欣赏，喜欢雍容文雅的气度。所以每当见到这一类的画派，首先就神恬意适，认作是古典至高的画派。但是洁净不等于生意索然，精细也不等于纤弱无力。可是，在这方面往往混淆起来了。

因此，假如说只是凭天才的、独到的眼光，这就形成喜爱这一样或憎嫌那一样的偏好。这样的爱憎显然是不可靠的。因为通过欣赏，就得使这一欣赏有所依据，知其然又知其所以然，这样才能使这一欣赏站得住脚。解决了这一点，欣赏就完全是自由的。

郑重：你几次谈到欣赏的终点与欣赏的主旨，这里包括一些什么样的内容？

谢稚柳：欣赏要掌握一定的条件。欣赏条件是通过形象描写的神情，一切笔墨的技法，通过结构现呈的。因为一幅好的作品是具备了这些条件的。它的总合，它的归宿，是风骨与气韵。南朝谢赫的六法，第一条就是“气韵生动”，其次是骨法用笔，这是绘画的原则，是绘画的终点，也是欣赏的原则，欣赏的终点。然而，气韵又是怎么一回事呢？要来解释它，可以相信有的是千言万语和旁证曲引。但归根结底总是很抽象的。解决这个问题，必须通过实物来证明，这就必须要通过多看、多比较的实践。

几千年来的画派与种类，真是丰富而繁杂，欣赏的负担就相当重。但也不是可怕的，欣赏的诀窍就在实践中。

理解所谓笔法、墨法、各种不同的技法，理解所谓

王翚《临北苑万壑松风图》

结构，理解时代性的变化，理解作者的宗向与他们艺术创作的表达意图，他们的传统与创造性。或者可以说，这是欣赏的主旨。

郑重：诗中有画，画中有诗，以及某张画很有诗意，这是人们在欣赏的过程中特别喜欢谈的。你是怎样看待诗与画的关系的？画家在创作时是否都在刻意追求画中的诗意？

谢稚柳：诗中有画，画中有诗，讲的是文学的形象思维与绘画的形象思维，有它的共通性，绘画的艺术形象，早被称道为“富于诗意”。唐代王维的诗与画，被赞叹为“诗中有画，画中有诗”。宋代郭熙的《林泉高致》，又以“春山澹冶而如笑，夏山苍翠而如滴，秋山明净而如妆，冬山惨淡而如睡”来形容四时的山色。这又用文字来艺术地论证绘画的想象。诗情画意，正是“心有灵犀一点通”。所以又称之为“无声之诗”。

文学与绘画在情意境界中联袂接壤，而两者在具体的艺术表现上，又有各自的思维。因为文学是以文字来表达形象，是以文字的艺术性来表现形象的艺术性，而绘画是以笔墨直接描绘形象，是以笔墨的艺术性来表现形象的艺术性的。文学以文字来表达形象，使人从而想象所表达的艺术形象是如此这般；绘画以笔墨来描绘的形象，是使人直接见到所描绘的艺术形象是如此这般的。这样，文学的形象思维，将符合于文学的艺术性，而绘画的形象思维将符合于绘画的艺术性。三国时期魏国曹子建《洛神赋》“竦轻躯以鹤立，若将飞而未翔”，以“鹤立”来形容“竦轻躯”又联系到鹤的“将飞”的形象。这在绘画，思维在于这一形象的特有艺术情态。而文学的形象思维，却落到了“鹤立”与“将飞”这一形象上，正显示文学与绘画各自的具体思维。然而提到最高的艺术境界，却完全有它的共通性。这正是“迁想妙得”。

宋人《柳塘呼犊图》

中国的绘画，它的整个表现，和文学一样是虚构的。而每一个细部，正如文学作品的每一段情节，都是从真实的生活中来，又是高于生活的。

郑重：我在读绘画史或有鉴定书画的著作，有的是出自名家之手，常常感到矛盾很多，如何解决这个问题？

谢稚柳：由于画画我要欣赏古画，顺着历史看下来，等于读书，等于搞绘画史的人读绘画史，因此我是实物接触得多。对具体的绘画，搞绘画史的人也必须熟悉，不熟悉，这是空对空了，是说不下去的。你不要照抄古人，古人有些话是对的，也有些话是错的，你只是空对空，从文字到文字，你不晓得他这话到底对不对，也许他说得不对呢？历史上许多理论家，一个人一个道理，甲说这个道理，乙说那个道理，那到底甲对乙对？可能乙的话不对，甲是对的；或者乙是对的，甲是不对的。所以看实物，对于搞绘画理论的人、搞绘画史的人是很重要的，如果懂得了绘画艺术的本身，那做出来的文章是结结实实、有生活的，有血有肉的，要不然就没有血肉，会空洞，甚至出洋相。现在有好些人，搞鉴定工作已有多年，他们文章可以写，但一接触到实物，就不晓得怎么回事了。有些人编的书中好些插图也根本不对，把这个时代的画说成是另一个时代的，把假的说成真的，甚至把真的说成假的。就是因为他们不看画，或者虽然看了画，但没有看懂，所以搞错了。

郑重：现在绘画中很风行“不求形似”这样的说法，你是如何看这个问题的？

谢稚柳：苏轼有这样两句诗：“论画以形似，见与儿童邻。”这两句诗引起了历来的误解，曾把它派了大用场，做了护身符。绘画不要讲形似，几乎是不可思议的。谢赫的“六法”，分明是根据事实所提出的，是“应物象形”。岂有绘画发展史、水墨画发展史推进到了北宋苏轼那个时代，却变得“牛鬼蛇神”起来，连绘画的基本之点的形似都不要了。不要形似的解释，就是画山不要像山，画树不要像树，画人不要像人，画像了就不成其为绘画。我想苏轼不至于是这样的想法的，始料不及的。我想欣赏也不是这样的，看了山不像山，看了树不像树，看了人不像人，那还有什么欣赏的快乐呢？

这两句诗，只是特别强调了“形似”以外的通过“形”所产生的神情，只是反对以“形似”为满足，为了达到绘画终点。因此，他特别指出以形似为满足的是和儿童一样的见解。欣赏也是这样的。如果一张画只是和照片一样的“形似”，还能引起我们欣赏的联想吗？欣赏有时是充分发挥人的想象空间的，不达到此种境界，就谈不上欣赏了。

郑重：现在的画幅多是正方形，我感到比较单调，你也画过一幅正方形的荷花。为什么画家都欢喜正方形这种幅式？

谢稚柳：这可能是因为现在居住的房子矮，画长的条幅不好挂的关系。其实中国画的幅式是多样的，有团扇、折扇与手卷。扇子，在中国已有很悠久的历史，汉班婕妤咏纨扇就有“裁为合欢扇，团团似明月”的诗句。但说的是圆形的，历来称之为团扇，这个形式一直沿用下来，不仅到南宋，依然是“团扇家家画放翁”，即在元代，风行的也仍然是团扇。在今天，我们不仅在文字里见到，从北宋、南宋到元，都还流传着书画团扇的原物。

折扇，是折叠扇的简称，是外来的。据记载，其制出于高丽，在北宋时即已传入中国，苏东坡曾称道其扇“展之广尺余，合之只两指许”，然而它的原物，至今已邈不可知。直到明代，高丽国以此为礼品赠送中国，于是在永乐时，开始兴盛了起来，到宣德、弘治之际，更出现了几辈精制折扇的名手。看来，书画家在折扇上作书作画，使折扇成为完整的艺术品，正是这个时期开始的。而团扇，明清以来，虽还流行，却远不如折扇之盛了。

由于折扇的形式特殊，因而折扇上的书画也形成了一种特殊形式，明沈周曾有一绢本画册，先在每页界上折扇形的线条，然后在此折扇形中写山水，可见当时以折扇形式为新颖的绘画表现形式。历来的收藏家，也以收集书画折扇为专题一类。

中国绘画，最传统的形式还是手卷。敦煌壁画就是大手卷，现在流传的顾恺之、阎立本的画，也都是手卷，还有敦煌经卷，那是书法了。这可能是由中国的简籍发展而来，也是由中国文字由右向左阅读的习惯而形成的，和立轴条幅相比，可以给人更广阔、更自由的观赏天地，这就是所谓“竖划三寸，当千仞之高；横墨数尺，体百里之迥”。悬诸素壁，移步而观，则千里江山，尽收眼底，就如同读武侠小说一样。手卷便于携带，便于保藏。现在传世的书画精品，手卷居多。

郑重：你曾经说画画要眼高手低，我觉得欣赏更是如此，因为许多搞收藏的大多是只会用眼，不会动手。

谢稚柳：历来有“眼高手低”这句话，是作为讥笑之辞的，其实这是真理。事实是在艺术实践的过程中，眼领导着手，眼确乎为手的依据，手完全是跟着眼走的，眼高手才能追着高，眼低手就只能跟着低，而且比眼更低。眼要高，先得使眼高，才能把手带到高处。艺术创造，要有根据、规律。不知哪些是艺术的根据、规律，这个责任，首先在眼，因为手被不高明的眼在瞎指挥。由此可见，在实践过程中，同时要不断解决眼的问题，把眼界引到广阔的艺术天地中去。哪里是广阔的艺术天地？到生活中去，这是一面；另一面，在于借鉴，到传统的艺术流派中去，分析、揣摩和理解它，理解它的一切导致艺术形象的规律，借以提高艺术认识，这样来领导手在现实的艺术创作上翻腾幻化，出现一个飞跃。这是我常常对画画的人讲的。欣赏者更是如此。欣赏就是发挥眼睛的作用，俗语说“饱眼福”。如果眼界不高，分不清好坏，哪里还能谈得上欣赏？

朱耷《水墨荷花》

张大千《红妆步幛图》

王蒙《具区林屋图》

篇之捌

漫漫丹青路

在当代美术史上，谢稚柳是一位多面体的艺术家，可以从书画鉴定、美术理论、绘画、书法、诗词等各个视角去探讨他。就以绘画而论，山水、花鸟、人物、鞍马，他无所不能，而且有着独到的艺术成就。纵观中国美术史，这样博大精深的全能艺术大家，极为罕见，可以说是百年不遇。比之宋代的米芾、元代的赵孟頫、明代的董其昌，谢稚柳自应有他的历史地位。

谢稚柳常说："我是搞古代书画考辨的，书画只是我的业余生活。"足见书画鉴定在他的事业中占有重要位置。

鉴定中国古代书画是谢稚柳的主业，但是他的鉴定生涯又的确是从学画开始的。他说："我当初并不是为学鉴定而去看画的，主要是想学习绘画而开始研究古人的真迹。从那时候起就成了一个习惯，一有机会看真迹，就绝不会放过。而且必定一丝不苟，因为不认真学习，以后就可能再也看不到这件作品了。"谢稚柳向古画学习，不是对本临摹，而是背诵默写，且重在精神的领会。这样就不难理解，谢稚柳的艺术的总体风貌继承了中国绘画中写实这一脉络，发挥了自家笔墨的风华，古穆浓丽，典雅蕴藉，有一种幽思的情意。

明末的陈老莲与清初的石涛，是极有个性和极有情感的大家。张大千基础在石涛，成功地运用了石涛的绘画思想；谢稚柳扎根在陈老莲，汲其温婉，去其倔犟，直逼其神理。他对陈老莲的迷恋过程不短，从十四岁到二十七岁这段时间，取法老莲，钟情花鸟，并探究老莲的身世与性情，著有《陈老莲》。二十七岁以后，他就离开陈老莲，立足于两宋，追踪"宣和体"，工整细笔，婉丽幽闲，在风神上压倒两宋院体画，可以这样说，他的花鸟之作，是新的"宣和体"。西出敦煌之后，又远追五代隋唐的堂奥，旁及元人的水墨放逸。

现把谢稚柳的绘画略举数幅，以见其艺术演变有绪。

《粤北山色》

此图作于1957（丁酉）年。是年，徐森玉的长公子伯郊，由香港来沪，约谢稚柳、陈佩秋夫妇同游广东罗浮，自罗浮还，过广州，谢氏作《粤北山色》长卷，卷尾记述了这次行踪："自英德至连江口，江上层山千叠，景色奇绝。丁酉四月，南游罗浮，将至广州，侵晓，见此奇景，而车行甚速，窗中凝望，信如驹隙，不得逗留片刻以穷其目，真王晋卿烟江叠嶂好画本也。"从题识中可以看出，谢氏对王诜《烟江叠嶂图》情有独钟，他的山水有着晋卿神韵，这是因为他和《烟江叠嶂图》有着不解之缘。如果把此画与

谢稚柳《粤北山色》（局部）

王诜《渔村小雪图》（局部）

郭熙《山村图》

郭熙的《山村图》、王诜的《渔村小雪图》相对照，可以看出谢先生对郭熙、王诜的艺术的确有着三沐三浴的功夫，融郭熙的厚重、王诜的劲秀为一体，形成自家风神。

谢稚柳、傅熹年、刘九庵在培养鉴定后学

《烟江叠嶂图》当时在文物市场流传半个世纪，已经成为世人皆知的假画。抗战之前，谢稚柳在南京时亦曾匆匆一览，后来没有再见。1957年，北方古董商携此卷来上海给谢稚柳过目，经谢鉴定认为此卷为真迹。是时，谢稚柳主持文物收购，即携此卷至上海市文管会，建议买进。文管会召开鉴定组会鉴，与会专家也都不止一次见过此卷，均认为不是王晋卿真笔，决定不收购。但谢稚柳坚持己见，并要求记录在案，以便查考。在众人皆认为此画是假的情况下，谢稚柳唯恐此画流失或遭毁，遂以人民币1800元购进，款数分三次付清。谢氏于卷尾长题，论述此卷

王晋卿《烟江叠嶂图》（局部）

及收藏的来龙去脉，重新装潢。但在1964年的“四清运动”中，谢稚柳为此卷屡遭批判。1976年，谢稚柳题陆俨少画《烟江叠嶂图》，有“长歌醉墨烟江本，过眼浮云事已陈”句，和苏东坡题王晋卿《烟江叠嶂图》的名句“江上愁心千叠山”有着同感。后来，谢稚柳将《烟江叠嶂图》捐献给上海博物馆，经全国书画鉴定小组的鉴定，列为一级藏品。

《北苑笔意山水》

这幅《北苑笔意山水》，以披麻皴写高下连绵的山峦，以点子及直条皴写远树茂林，山村、古寺，映带无尽的林麓洲渚，瀑布小桥，一片江南画派的情意。《北苑笔意山水》第二处题跋曰：“老董风流殊未陈，倪黄踪迹有前身，思翁已叹迷来处，绝望当时一辈人。思翁记云金吾郑君与予博古，悬北苑于堂中，兼以倪黄诸迹，无复与北苑著眼者，正是不知元人来处耳。”董源的画在宋代一般评价并不高，视李成、范宽为“神品”，巨然只列在“能品”而无董源。只有米芾称董源为“近世神品，格高无与比”，赵孟頫附声于元初，汤垕则把他与李成、范宽并列：“董源得山之神气，李成得山之体貌，范宽得山之骨法，故三家照耀古今，为百代师法。”追风沿波，遂及元四家；黄公望、王蒙、吴镇，尤为显著。王蒙偏重于董源，黄公望偏重于巨然。黄公望生发而为简，王蒙引以为密，而吴镇一生服膺于披麻、破墨山水的繁衍。

为了更深入理解以董源为代表的江南画派，谢稚柳曾于1948（戊子）年仿黄鹤山樵（王蒙）和梅道人（吴镇）作山水，而真实着意仍在江南画派，黄鹤山樵最能懂得董源的神理。在此，谢稚柳只不过是透过黄鹤山樵而去领会老董的风流罢了。对江南画派的三沐三浴和真实华美的感受，使他对江南画派的研究达到一个新的高峰，到了20世纪50年代初期，也就是在他43岁时，仿江南画派作巨幅《通景

谢稚柳《北苑笔意山水》

屏》，系用六张六尺整张宣纸绘制而成，这应该是他学江南画派的成功之作。谢稚柳治山水的第一个临本就是巨然的《秋山问道图》，那时他20多岁，寓居金陵。应该说，他此时已问讯江南画派了。

《红叶山禽》

此图作于1948（戊子）年。

嫣然的红叶，幽静的山禽，色彩丰富而明亮的秋色，常常出现在谢稚柳的笔端，就像他笔下的荷花、风竹一样，拒霜是他百画不厌的画题，不是重复，而是百张百样，张张不同，给观赏者带来不同的艺术情趣，这充分表现了画家的自信。

画史上写秋林寒鸟的画家不少，由于不同的环境，不同的感受，在画图中收捡的秋色也不同，但很少有像谢稚柳这样以红叶入画的画家。那艳红的秋叶，又明又亮，叶片上留下了被虫咬的斑斑痕迹，小鸟立在枝头，缩颈鼓胸，那叶片上的颜色，一边浓，一边淡，有几片淡得发白，明丽的秋阳，虽是深秋，但在寒意中又带着几分温馨；特别是那精美的构图、爽朗清逸的诗句加之用老莲体的书法题写，真的到了美轮美奂的境地了。

题写“红叶霜禽”的诗竟有数首，不妨抄录一二：“门外青螺压雾收，千林芳色老于秋。野禽应识倡条叶，已有霜飙在上头。”“雨洗霜摧暮叶红，秋禽无语对西风。嫣香不送春回路，还与疏林烂漫通。”“垂杨低桠绿先残，衰尽咸阳送客兰。春色三分归暮叶，犹留红艳压秋阑。”不同的心境，不同的诗句，造就了不同的画作。《红叶山禽》固然还没有离开宋人笔意，《梨树双禽》写经秋霜的梨树，如云霞灿锦，二月红花，无比酣艳，笔下显得轻舒展了。《秋林寒雀》《霜枝栖鸟》已是放笔纵横，杂彩纷华，直摄大自然的魂魄了。

谢稚柳《红叶山禽》

谢稚柳《荷石图》

《荷石图》

此图作于1948年。1988（戊辰）年重题曰："此四十年前所作，曩予颇好陈章侯，画此图不免饶其情意。"他的诗亦有"少时弄笔出章侯"之句，从14岁到27岁之间，他一直倾心于陈老莲，足见染习之深。

花鸟画方面，谢稚柳虽是尊崇陈老莲，但只学他的花石而没学老莲的鸟；他早年画梅，神气十足陈老莲，逼近原作，只是情调不完全相同，老莲笔触的坚挺敦实在谢稚柳的笔下变得温婉谦和了。

此幅《荷石图》虽是传达了陈老莲的情意，这种情意也只是表现在形式美上，叶及荷花的双钩，假山石的皴法，则完全是他自家的笔墨了。

《梅花拳石图》

谢稚柳早年的《梅花拳石图》和陈洪绶的《梅花》相比，可谓精神相通。谢稚柳学陈老莲主要是从花卉入手，对于陈洪绶的"迂怪夸张"的人物画，谢稚柳则认为"是不足为训的"。谢稚柳多作白梅、绿梅，曲枝虬干，花瓣作双钩，线条流畅而内敛，多作含蓄之势，格调特别高雅。

谢稚柳喜欢养水仙，平时亦作《水仙图》，格调与陈洪绶相近，但更为清新飘逸。他曾有写水仙诗云："清寒讶许梅兄瘦，矾弟临风碧可怜。蓬莱弱水三千里，不托微波亦是仙。"由此诗可以想他画水仙之风采。《水仙图》以双钩填彩完成，笔调清新，设色淡雅，格调与陈洪绶

谢稚柳《梅花拳石图》

陈洪绶《梅花》

陈洪绶《水仙》

谢稚柳《水仙》

相近，但更为清新飘逸。谢稚柳的花鸟画虽自陈老莲之路着手，却不滞此境，当他知道老莲的艺术源自宋元画之后，遂直接学习宋元绘画，从中开辟另一条谢氏画格。

《拒霜沙鹭》

此图作于1960（庚子）年。

图中有一个很耐人寻味的题跋：“野鹭闲伫立，秋渚夕阳中。香弄芙蓉影，波痕映残红。沈石田有野凫图，并题此四句。全取陈仲美体，予以宋人法为沙鹭写生，取景亦异，遂与石田相去远矣。”沈石田居明四家之首，画山水，兼及人物、花鸟。谢稚柳的题跋云石田《野凫图》，全取陈仲美，这涉及中国花鸟画发展的转折时期。元代画家陈琳，字仲美，山水、花竹、禽鸟皆称其妙，赵子昂常与之相过往，曾作《溪凫图》，一反宋人精工细丽之风，一股建立在书法基础上的文人画风盛行，粗简洒脱，生动活泼。陈琳在写意花鸟画的创作上是这股新兴画风的代表，特别是影响了明代画家，使元明花鸟画向写意发展。子昂在《溪凫图》上题曰：“陈仲美戏作此图，近世画人，皆不及也。”对宋人花鸟特别是“宣和体”情有独钟的谢稚柳，去沈石田之精疏，刻意求工，使花鸟画回归宋人。中国花鸟走上革新之后，写意之作已成时尚，不再讲求基本功夫，逐渐走向粗疏潦草。此幅《拒霜沙鹭》，以勾勒填染为主，色彩浓丽而淡雅。伫立水中的沙鹭，神情幽闲，水的波纹荡漾和沙鹭静态相映，极富生意。湖石以线勾出轮廓，层层渲染及点苔，使湖石的苍老与重量尽收眼前。从湖石后斜出的芙蓉花，洴染精妙，双钩工整，从叶筋及花的脉络展现了线条含蓄优美。从下面墨色由浓到淡的湖石，与墨彩重染的花叶，相映相衬，形成一个节奏和谐的乐章，给人一种典雅的诗意美。

《碧嶂乔柯图》

谢稚柳的山水虽是起步于北宋，后又钟情江南画派，但他对宋元山水诸家的作品，无不涉猎一过，这幅仿郭忠恕笔意的《碧嶂乔柯图》足可作为佐证。郭忠恕，字恕先，曾为后汉刘赟的从事。刘赟遭郭威庆囚之后，“汉鼎入周

谢稚柳《拒霜沙鹭》

陈琳《溪凫图》

室”，他也就“失去罢屠龙，佯狂遂扪风”，潜心研究字学和书画。宋朝建立之时，他已是“渐老”之年了。《宋史》称他“所图屋室重复之状，颇多精妙”，《圣朝名画评》说他“为屋木楼观，一时之绝”，把他的界画列为神品。燕文贵善画舟船盘车，即学郭忠恕家法。宋、元时对郭画同声赞誉，但流传至今的作品则很少。

《雪霁江行图》

《雪霁江行图》是比较可信的一幅。

谢稚柳仿郭忠恕笔意作《碧嶂乔柯图》，应是为郭的界画所打动。此图近树远山，繁密铺陈，足见不是游戏之作。特别是山岭的屋宇，飞角流檐，虽着笔不多，尽在规矩分寸之间，足以见谢氏线条挺拔。20世纪50年代，谢稚柳和夫人陈佩秋费数月之功，合作《上海闵行一条街》卷，阡陌通衢，行人车流，输电杆缆，尽收笔底，不只是表现了他们笔下功夫，亦可见他们的经营布局，既大气磅礴，又心细如发。谢氏亦曾作《山雨欲来风满楼图》《北苑笔意山水图》，其深山中的房舍，着意虽不在界画，但却画得精心至极。谢稚柳的成功之处在于把界面和山水结合成为一个整体。

《夏山霁雨》

作者以浓墨淡彩描绘夏日雨后，用极为抒情的笔意墨趣，把那经过雨水清洗的大自然表现得是那样饱满，那样丰富，那样清新，又是那样生机勃勃。此画作于1980（庚申）年，正是作者研习落墨法兴趣最浓的时候，此时他已摸索出一种新的表现方法，使他的艺术创新进入了炉火纯青的境界。这种艺术境界之闸不是轻易能打开的，而是经过许多尝试。正如他在《春山云起图》这幅山水的诗堂中题写的那样“不羡离披僧法常，不作清狂梁疯子，暝黛朝云墨彩并，万壑千岩春唤起”。落墨法是易工为放，但是放到什么程度？南宋花鸟，在双钩着色的格调继续前进之际，水墨豪放的体裁，开始发扬起来，在花鸟画的领域里开拓了

谢稚柳《夏山霁雨》

演讲兴浓，声若洪钟

新的天地。这时谢稚柳对梁楷与牧谿的画笔，也极为欣赏，除了编《梁楷全集》，笔者也看到他曾仿梁楷笔意作山水；对牧谿，他写过专题研究论文《牧谿画派和他的真笔》。虽是如此，他的易工为放并不以梁楷、牧谿为楷模，而是有着自家的法度。他用没骨法写山水，实是没骨中有骨。在“暝黛朝云墨彩并”的掩映之下，还有着一层丛林杂树，不是空泛的水墨之戏，而是浓浓淡淡，若明若暗。特别是那丛竹屋宇，浅绛山水，一曲流泉，及几处的留白，从沉睡中透出气来，一片雨湿的江南，几分诗意，几分潇洒，真的是“老去粗豪是本师”了。

《溪山高远》

此图作于1972（壬子）年。

此时谢稚柳小中风初愈，眼睛仍然处于“复视”状态中，研究落墨法从花鸟转向山水。在《山水花鸟》杂画册的题跋中云：“风疾日深，久弃笔砚”，常有“病腕难胜墨半戞”之叹。虽然如此，《溪山高远

谢稚柳《溪山高远》

图》仍然表现出峰峦浑厚、势壮雄强的气概。

谢稚柳的山水早年是北方画派，中年移情于江南画派，但是南北两大派头在他的笔下不是截然分开。对北方画派谢稚柳去其尖刻锋利，取其温婉可亲；对南方画派去其疏简，取其平淡天然。经过他的这样扬弃与吸收，糅合与创造的陶冶过程，形成了他的不温不火、委婉含蓄、严整而抒情的风致。层峦叠嶂的山势，有的地方用线勾出山的轮廓，有的则是淡墨渲染，运用多种皴法，表现山石的质感。一股山泉从山巅而下，穿林透石，几经曲折，落到山下，聚势而动，又飞瀑石梁，向远处流去。山脚下近树，曲枝虬根，然后层层上去，或直或曲，或疏或密，掇笔点染。作者初试落墨，润腴苍茫，在谨慎中又见潇洒。这种融汇南北兼及落墨的画风，在他的作品中，以前不见，以后也很少见到了。流风飘忽，笔势消磨，留下了作者无尽的留恋回忆，向往新的格调。

《竹禽图》

此图作于1960（庚子）年。

画家用淡绿挥扫，写晴竹数枝，笔笔有生意，处处得自然，有一种静寂之美，但静中有动，四只小鸟，或飞或栖，鸟语婉转，似在倾心交谈，虽有动有声，但不是喧哗，一切仍然在寂静中。不仅如此，作者还运用“东原雨散长烟芜，春水无涟静北湖。漠漠晴晖风竹定，穿竹鸟语落珍珠”的诗句，来加深扩大这种一切静寂而闻鸟声的艺术境界，具有一种耐人寻味的沉着、清新、洗炼、含蓄的艺术效果，充分体现了画家追求含蓄美的美学思想。

在画史上，有不少画家用画上题诗的办法，来扩大、加深画的意境，但是如果画的本身没有诗意，即使题上再好的诗，画境还是出不来。谢稚柳能诗善画，他的诗绮丽雅洁，爽朗清逸，与他的画极为合调。谢稚柳对竹用功特别着力，初时取赵佶浓墨撇出的画竹法，继而又在文同、赵孟頫与李珩三家的法度中取舍运用，而对文同画竹深墨为面、浅墨为背的技法领悟尤深。

为了画竹，他自己种竹。1953年，他作《翠竹白鸠图》，图成命笔长题："予客巴山时年二十有八，避寇机之炸，寓江北白鹤林之北，后园丛竹，老梢新篁，春雨秋晴，烟青雾碧，虽非渭川千亩，而亦一片潇湘图也。越八载，重归江南，爱竹成癖，而小庭土薄，种多不活。又好畜鸠，时辄飞去，随写此图以寄其兴，搁置尘箧，又已五载矣。雨夕偶从乱楮中重见此图，如重逢故人，岁月易逝，图中景物如昨，而鬓发渐斑，披图对坐，信乎无益矣。癸巳十月漫书。"1955年，谢稚柳作《墨竹图卷》，画成后又作长题："余客巴山，居嘉陵江北岸白鹤林之北，屋后修竹几及亩余，余啸其间，积有岁月，颇好写竹，实自此始。盖烟稍露叶、春雨秋晴之姿，一求之于真，不复乞录于先迹。数百年来论写竹，其高者莫能脱元人藩篱。息斋迂讷，遂为大国，趋跄于从车下风，吁可叹矣。冬日大雪，常见有为雪压折者，其势殊奇，尝思图之，因循未果，今夕雨雪，偶弄笔墨，回忆其景，忽忽又十年前事，因想象为此图，亦不能尽得其趣，聊寄所思云尔。乙未正月，谢稚柳苦篁斋记。"

与其说这两段文字是题画，不如说是忆旧。对以往的生活，谢稚柳萦绕于怀，不能忘却。"苦篁斋"斋名是他寓居重庆时开始使用，真是万般心事，无从说起。

谢稚柳的竹有墨竹与著色竹两种，都是单笔撇出，有双钩的艺术效果。这种单笔撇出的画竹法，在唐章怀太子李贤墓中即有发现，可见以墨笔写竹已不是一般学人认为的为王维创新。他题写竹诗云："著色湖州迹已陈，墨奴惟可论元人，分明照眼霜稍碧，苦向前贤拜后尘。"从中可以领悟他画竹的来龙去脉，这和陈老莲没有直接关系。

《红莲湾》

1961（辛丑）年，谢稚柳参加中国文联组织的内蒙古观光团，同行者有叶圣陶、老舍、梁思成、林风眠、曹禺、徐平羽等，历时一月，行程数千里。

谢稚柳《红莲湾》

中国山水前人即谓“可卧、可游、可观”，如身在其中，这是建立在写实基础上的。谢稚柳的山水继承了这一传统，都是以真山真水为依据，有着切实的写生基础。但他的“写生”又不是对景临摹，而是凭自己的记忆，掺入真实的体验感受，经过沉积，久蕴于胸，一旦得到可与之同样的艺术样式，即喷薄而出，再造一种全新的艺术境界。《红莲湾》应该是这方面的代表作品之一。

在艺术创作中，谢稚柳常常是因景施法，随着景物的不同，感受不同，则用不同的表现方法，因之使他的山水变化多姿，每出新境，这是浮浅的观赏者难以觉察到的谢氏艺术的这一微妙的感受与变化。《红莲湾》地处塞外，一片江南景色。在表现此一景致时，他用江南画派写水墨轻烟，正如作者题跋所云：“红莲盛开，紫燕群飞，不知身在塞北也。”正是这种感受，用饱含诗意的笔致，写出平淡天真的风貌。虽是写生，但又不是即兴写生之作，一年的咀华，追忆此景，方得神来之笔。

《渊明簪菊图》

谢稚柳早年学陈老莲，致力于老莲的花鸟，对老莲人物却认为“怪异，不足为训”。1943年他虽然作了一幅《仿老莲居士笔》，却已不是老莲的笔情。他从敦煌归来后，人物画只是偶尔为之。从他1949年画的《扑蝶图》《南无观世音菩萨图》及《柳荫清暑图》三图来看，此时的人物较为瘦弱，用笔严谨，设色清淡平板。相对地，他1985年作的《五柳先生》及约作于同时的《渊明簪菊图》，人物形体已是丰润雄浑，衣纹及脸部的设色呈凹凸，整体更趋立体与厚实。特别是《渊明簪菊图》，陶渊明身材魁梧，神情端庄，双目炯炯有神，又在沉思中，从整体的造型上传达出陶渊明的内在精神。这种以简练之笔，不加任何修饰地为人物造像，在他的人物画中是不多见的。宋代文学家苏轼评论陶渊明说：“其诗质而实丽，癯而实腴。”这虽是评论陶诗，其实也是评论陶渊明的人格。陶渊明外表似平淡中和，而内心不甘寂寞，冲突极为激烈，有着“刑天舞干戚，猛志

谢稚柳《渊明簪菊图》

固常在”的壮志豪情。正是基于对陶渊明这样的理解，谢稚柳才没有简单地把他画成单纯的田园诗人，而是把他画成既有“静穆”“悠然”的一面，也有“怒目金刚”的一面。作为造型艺术而言，要使两者达到统一和谐的美，并不是一件容易的事，应该说谢稚柳成功地塑造了陶渊明这样的形象。在这幅画中，谢氏对描绘衣纹线条的运用特别成功，轻重疾徐，委婉曲折，他对那管笔的控制，真是到了运用自如、得心应手的美妙境界。

《荷塘鹡鸰》

以花鸟而论，谢稚柳为荷花写影之作的数量之多，在他的艺术宝库中堪称第一。波塘弄影、银塘清趣、莲塘清晓、斑竹红莲、荷净纳凉、荷塘清暑、洛波微步……各种图式，写出了荷花的出水风姿，窈窕清绝，轻绡掩雾，薄罗障烟，出污泥而皤然不滓的品性。

谢稚柳画荷早年出自陈老莲，他自题的《荷花拳石图》，曰：“予颇好陈章侯画，此图不免饶其情意。”完全是陈老莲的金钩铁线描的情调。后脱离陈老莲，追踪北宋，在宋徽宗的“宣和体”中三沐三浴，1947年作《秋塘图》，自题曰：“仿徽宗皇帝笔。”在金钩铁线描中加以晕染，荷茎上小鸟则完全是赵佶笔意了。1960年所写《荷塘鹡鸰图》，正处于他变法前夕，对宋徽宗的情调虽然眷恋于笔端，对陈老莲则相去甚远，工写结合，对荷叶尽情晕染，写出了满池的清香，更衬出了荷花的高洁韵雅的品性。1970年以后，他沉醉于落墨法中，创作的荷，真是已褪怀中旧笔痕，杂彩落墨写缤纷了，墨彩交融，纵情挥洒，荷花风姿绰约。这既是一种艺术的升华，同时在随意挥洒中画家的内在天性也跃然纸上。

在画史上能以画荷著称的，除八大山人、张大千两家，再一家就是谢稚柳了。八大山人是水墨清华，张大千是金碧辉煌，谢稚柳画荷以凝静涵蕴见胜，其艺术成就不在此二家之下，可谓各领风骚。如果说，八大山人的荷花是丑女无盐之美，张大千的荷花是杨玉环之美，谢稚柳的荷花则是李清照的清丽典雅之美了。她们的美丽虽同，风韵则有别了。

谢稚柳的落墨法是从考证南唐徐熙的《雪竹图》而来。他从这幅图的笔性墨法上进行分析，并参照史籍记载的徐熙的画风，认为《雪竹图》完全符合徐熙的“落墨法”的规律。这一考辨不但揭开了画史上的千年迷雾，而且推动了他晚年的变法。

到底他的落墨同翠微堂中主人的徐熙有何相合之处和距离，我们不必去衡量，他创造的落墨画派，与蜀人张大千的泼彩相互呼应，温婉可亲，铺陈奇丽，一片雨湿的江南，烟障的清溪，浓荫夏木的山谷，螟色迷茫的山村，雾合烟绕的荷塘，经霜如血的红叶，艳绝春容的芙蓉花，烟寒清幽的梅与竹，大自然的一切生命，在他那波澜荡漾又典雅温文的水墨和缤纷的色彩中显得清新明媚。本来谢稚柳的落墨法可以使他的绘画艺术开辟一个新天地，走向新的高峰，但是到了20世纪70年代末，海峡两岸有了交流，当他看到张大千的泼彩真本，断然地放弃落墨法，退了回去。笔者曾为此问他这是为什么，他说：“我不想和张大千走同样的路。”但是他无法再回到“少耽格律波澜细”的时代，“怀中梦后纤毫失”，而是走向“老去粗豪是本师”了。谢稚柳艺术对落墨法的放弃，不能不说是绘画史上的一件憾事。

《落墨牡丹》

谢稚柳作落墨花卉，最常见的有拒霜、荷花、牡丹、松树及红叶，这也是他所钟情的“老莲体”和“宣和体”常画的题材。在表现形式上，前期艺术虽然有绝艳银钩，婉丽幽闲之美，但能体现他的气度、胸襟、学养及直接与大自然对话的文人精神，应该说是从他的落墨法中表现出来的。这种转换不是单纯的艺术表现方法的转换，而是一种寻求与艺术相适应的艺术形式的选择。

谢稚柳的早年，从老莲体向宋人笔意的转换，这个转换过程的本身并不困难，因为老莲也是从宋人中来，有着一息相通的渊源存在。而从

谢稚柳在八十八岁生日宴会上

工笔细写转向落墨，有着改弦更张的意味，是心理历程的轨迹，是生命历程的观照，是对自身的再认识。表现了他对人生体验的充溢已经超越了原来艺术样式的负荷。这时候，落墨法正是与之体验的重叠，有点水到渠成之自然。个人体验是直觉的、感悟的，也是内在的，其中就有着“如人饮水，冷暖自知”的了。谢稚柳的悟性与自知的落点在何处，从《海棠鸲鹆图》一画题跋中，我们可以找到信息。这一题跋云：“此十年前所作，桑榆笔墨，渐变所尚，风腕颤指，势有不能，非独情迁也。己未春日重见此图因题，时年七十矣。”1969年，谢稚柳正在蒙受“文革”的劫难，仍在隔离审查中，患目疾，眼睛复视，经医生检查，诊断为脑血管硬化，面部半边神经有些瘫痪，以后就是“风腕颤指”。因此推测此画的创作时间最迟要在1966年春夏之间。时间不是主要的，重要的是表明了他从工笔细写的宋人风范转落墨法的心境。外部环境的强烈冲击，他的内心体验是极为复杂的，加之他已经注意到落墨法的研究，他的画转向落墨法，书法转向张旭，取得了珠联璧合之妙境，体验是共同的。“怀中梦后纤毫失，病腕犹思斫鼻斤。”他对工笔细写有着无尽的留恋，但客观上使他有所却步，但又壮心不已，不停地探索，开拓新路，他的落墨花卉也就应运而生了。

此画是谢稚柳的得意之作，月朦胧、花朦胧，如烟似雾，如痴如醉，画端题写着张先名句“云破月来花弄影”，是先有词意而后作画，还是先作画而后按这一名句之意，我们并不得知，但他那恣意的抒发与倾吐，在谢氏艺术中是不多见的。画成越三日，作者仍觉激情难消，再题“落墨为格杂彩副，野逸江南写生主，别裁新样骋其奇，高韵自标不薄古”。作者此时是何等样的心境，他真切地感到在落墨法中再造了新的艺术生命。

放逸清雄的书风

书法方面，他的功力不在画下，可以与画等量齐观。他的书法和绘画同时进入陈老莲的艺术领域，那一手的老莲体书法，可以乱真，只是个性有所不同，老莲超逸中带紧蓄，谢稚柳则在清新中带闲适，与他的画互为云蔚。二十七八岁之后，他的画虽然离开老莲，但老莲的书魂仍萦回在他的笔下，直到四十前后，才向宋四家除东坡外，做了一次巡礼，吸收宋人标致的风神，他的书体变得俊秀清奇了。唐代大书家张旭的《古诗四帖》久传于世，对其孰真孰伪的考辨，一向都是学术界和鉴定界争论不休的话题。对这样一个历史悬案，谢稚柳以此书自身的情性与书法史的经纬进行讨论，并一丝不苟地勾勒描填了这一书卷的每一个字，明确地提出了张旭草书用笔不同于晋唐的“笔端逆折、锋正势圆”论点，肯定了这一字卷在艺术上的不朽价值。从颜真卿、杨凝式、怀素到黄山谷等受张旭影响的书家的书体流变中，他不无感慨地说：“当时以张旭为神皋奥府，至此已神移情迁，他的流风，从此歇绝了。”60岁的时候，谢氏的书法也神移情迁，笔底致力于《古诗四帖》，远去少时含蓄典雅的老莲体和中年俊秀的书风，深得张旭的气度风神，去其狂癫，一变而为放逸清雄的格调，仍然不失其固有的潇洒出尘、醇厚清奇的情思。

壮暮堂

谢稚柳画室壮暮堂一角

谢稚柳晚年，自榜其画室为“壮暮堂”。在当今画家中，斋名之多、闲章之多，莫过于谢稚柳，他常以取斋名，撰印文为乐趣。他早年用印为方介堪、陈巨来、简琴斋所刻，晚年用印多为吴子建、韩天衡、刘一闻诸印家所镌。抗日战争寓居重庆时，小庭院种竹连续几年都不活，他因之命自己的画室为“苦篁斋”。闲章有“还如何逊在扬州”“抱月飘烟一尺腰”。20世纪50年代，因他得王晋卿《烟江叠嶂图卷》，喜而取题画诗中首两字“江上”为斋名，曰“江上诗堂”。另又以《烟江叠嶂图》之“烟江”命名为“烟江书阁”。“鱼饮溪堂”与“苦篁斋”相替使用。65岁后，他的画室号“壮暮堂”，取自曹操“烈士暮年，壮心不已”诗句。后迁居巨鹿路，有“小园蕉竹自生凉”诗句赞之，又名其斋为“巨鹿园”。二十八九岁时，他喜用的闲章是“年来持镜颇有须”。画松则常用闲章“内气乃有老松格”；画梅则常用“不觉觅句逋仙”。谢稚柳曾钟情于“江南画派”，对落墨又有特殊偏爱，故有闲章“独赏江南工”。65岁之后，有闲章“应无不舞时”，还有“老年花似雾中看”，因随着年岁增长，他眼力感到有所不济，74岁时，有“老冉冉兮过四”闲章。

篇之玖

台湾之行：对董源绘画的再思考

1992年6月，谢稚柳在美国参加“董其昌研讨会”，又应台湾太平洋文化基金会和台湾省立美术馆之邀，赴台访问。大陆人去台湾，手续还是很烦琐的。本来谢稚柳想从美国或香港直接去台湾，但都不允许，一定要回到深圳，然后再转经中国香港去中国台湾。这次被邀请的画家中，还有上海中国画院院长程十发、副院长施大畏和上海师范大学艺术系主任刘旦宅。程十发和施大畏因事未能成行。

刚下飞机，谢稚柳被扶上轮椅。以他的身体而论，是不需要坐轮椅的。他本想推托，但又想到这可能是台湾的礼节，也就没有再作推辞。后来才知道这是对老年人的尊重，台湾机场很大，他们怕谢稚柳走不动。台湾人推崇传统文化、尊敬老人，给他们留下深刻印象。

这次台湾之行，谢稚柳的本意是看老朋友、看画、看风景。

谢稚柳第一要看的是老朋友，像张大千、黄君璧、台静农、徐悲鸿的前妻蒋碧薇。但这些老朋友都相继过世。他原以为可以和台湾作家高阳谈谈，那是他十年前在香港相识的新朋友，没想到他们去台湾之前两个星期，高阳也过世了。这许多想见的老朋友都没有见到，是使谢稚柳有着许多感慨的憾事。

但是，谢稚柳在台湾见了唯一的老朋友郎静山，这位摄影大师此时已是一百零二岁的老人，身体非常硬朗。郎静山也是谢玉岑的朋友，见到谢稚柳仍然以“二弟”相称。

在一次朋友相聚的宴席上，郎静山对谢稚柳说：“我现在是两条腿的不吃，四条腿的不吃，硬的不吃，软的不吃，其他都吃。两条腿的是人，所以不吃；四条腿的是桌子，所以不吃；硬的是石头，所以不吃；软的是棉花，所以也不吃。”

郎静山的这四句话，使八十二岁的谢稚柳连连称赞：“你还是当年的性格，一点没变。”

郎静山说：“这叫本性难移嘛。”

和谢稚柳同去台湾访问的刘旦宅向笔者介绍：郎先生和谢先生一

样，能吃就吃，能干就干，不能干的就不干，顺其自然，不去强求，结果郎先生活到现在一百零二岁，可以说是耳聪目明。这就像画画一样，不是想了一套办法来吓唬人，你的学识修养，你的见解到了什么样的水平，在艺术上就表现了出来。如果你还没到这个水平，没有这个思想，就想做得与众不同，装出一副怪相来，这样的艺术就不真实，境界就不会高。顺其自然，到了什么程度，自然就会表现出来。虽然郎先生和谢先生都没有谈艺术，他们交流的是养生之道，但却表达了艺术真谛。许多成熟的艺术家，就在他们的谈笑中能给人以艺术启发，比谈艺术还好。在艺术技巧方面，都有一定的意境，一个人的艺术发展到后来就看境界，看修养，看心态平衡，不浮躁、不浮夸就是好，返樸归真，又回到童年、童心，很有风趣。

谢稚柳这次在台湾奉行的原则是：只看画，不评论真假。这是由他的地位决定的。像他这样的鉴定家，是不好随便发表评论的。这里有一个小小的插曲。刚下飞机时，刘旦宅的儿子刘天炜也去机场接他们，刘天炜问谢稚柳想看什么，谢稚柳就随便和天炜讲了几张画。谢稚柳和刘天炜随便说的话，台湾的一家报纸第二天报道了，报纸的标题是：《冲着故宫博物院来，谢稚柳未必能如愿》。报道中还谈对古画“年代质疑讨论空间不小，学术争论，不容易有定论”。谢稚柳看了这个报道很不高兴，他说：“这样的报道是说我谢稚柳是来挑刺的了，使我无法看画。”后来，台湾故宫博物院原来的副院长江兆申请他吃饭，那位记者也被邀请，谢稚柳半认真半开玩笑地对那位记者说：“我给你说的你不写，我没有给你说的你倒写了。”江兆申说：“怕你砸饭碗来了！”旁边有人打圆场说：“他们吃记者饭的是语不惊人死不休。”这样，这桩事才算过去。这么一来，双方都很谨慎，台湾故宫博物院给谢稚柳看什么很谨慎，谢稚柳看画也很谨慎。

鉴定家、收藏家和画家对书画的评论有着不同程度的自

董源《夏山图》（局部）

由。收藏家完全是以自己的爱好为标准的，他欢喜的就是好，就要花钱买，不要讲出好在哪里的道理，收藏家最自由；画家的自由度也很大，真的假的好的坏的，也是说不出道理，画家欢喜哪一家哪一派，就说哪一家哪一派好，也不需要讲出太多道理。

谢稚柳、刘旦宅去台湾故宫博物院看画，由院长秦孝仪陪同，谢稚柳在机场和刘天炜说的阎立本的《萧翼赚兰亭图》、董源的《龙宿郊民图》、马远的《山水册页》都已经陈列出来，谢稚柳仔细看了，然后又到库房去看了几张，在库房里看了《四库全书》。库房是在一个山洞里，有恒温设备。对画，谢稚柳没加评论，对库房的设施和保管，谢稚柳说："这是第一流的。"

在台湾，谢稚柳对所看的作品没有发表任何评论的意见。回到上海后笔者曾对他有过一次访谈，曾见诸报端：

郑重：为什么要点看这几件呢？

谢稚柳：马远的册页是没有发表过的，我想看看《萧翼赚兰亭》，从画册上看像唐人的真笔，实际情况如何，我想看看原作。给我们看些什么，他们也是很谨慎的。这次在台湾，我是只看画，不评论真伪。

郑重：我很想知道台湾故宫博物院收藏的南唐董源的《龙宿郊民图》的情况。

谢稚柳：这张画我们也看了。董源存世的几件作品，一件是美国王季迁先生收藏的《溪岸图》，这是当年大千用金冬心的画从徐悲鸿手里换来的，一件就是台北的《龙宿郊民图》，一件是北京故宫博物院藏的《潇湘图》，一件是辽宁博物馆藏的《夏景山口待渡图》，再一件就是上海博物馆藏的《夏山图》，如今这几件作品我都看到了，原来的看法有些改变，产生了新的想法。

谢稚柳、刘旦宅与台湾画家江兆申合作作画

郑重：你的看法改变了，这可是个大新闻噢，请道其详。

谢稚柳：今天就不说了，改日再和你讨论。

隔了好长时间，谢稚柳才告诉我：《萧翼赚兰亭》《龙宿郊民图》都有问题，宋人摹本。

对谢稚柳的台湾之行，笔者也曾访问过刘旦宅。

郑重：台湾故宫博物院藏有董源《龙宿郊民图》，不知你们看到没有？我很想知道这张画的面貌如何。

刘旦宅：看到了。台湾方面认为这张画是南唐董源的原作。这张画的历史是很久了，从画面上可以看出是几经修裱的，裱一次就修补一次，还保留了不少原始成分，左上角有些是原始笔迹，是否董源画的，很难说，右上角都是经过修复的，和原来的笔迹相差太远。董源是江南画派的创始人，他是根据自己的理解去创作，没有什么框框，下笔很淳朴，不花哨，气质就是大家风度。

董源《夏景山口待渡图》（局部）

郑重：谢先生和我谈到，他从印刷品上看，曾考虑是后人的摹本，看了之后，他认为够不上南唐的作品，可能是宋人摹本。

刘旦宅：是啊，这张画看上去是很古的，但是线条画得不协调，肯定是后人的摹本，能不能到宋代也还是可以讨论的。我想这张画在南唐就有摹本，宋代又摹南唐的摹本，元代又摹宋人。我考虑这张画是元人的摹本。现在传世的阎立本的《历代帝王图》也是摹本，有的是一张名家作品问世之后当时就有人摹。南京出土的砖画《竹林七贤图》，第一次出土的就非常好，后来又出土两块，就比原来的差得多了，显然是后者临摹前者。像唐画一样，阎立本是唐朝的宰相，他活着的时候就有许多人临摹他的画。现在看到的虽然都是临摹本，也是很不容易的，可以从中分析阎立本的面目是什么样子。敦煌壁画中表现出阎立本的风格是千真万确的，当时也是经过许多工匠临摹的。从这里可以想象得出阎立本的真迹一定是好得不得了，一个人的名气不是无缘无故大起来的。

张大千生前，曾托王南屏由台湾带信给谢稚柳："你告诉稚柳，董源的《夏山图》《潇湘图》和《夏景山口待渡图》都是假的。"谢稚柳把张大千的话告诉笔者，曾对笔者说："我不理解，张大千为什么要说这番话？人老了，钻牛角尖。现存的董源五件作品，我认为都是真迹。美国王季迁收藏的《溪岸图》，就是张大千用金冬心的画从徐悲鸿手中调换的，那是董源的早期作品。台北那件《龙宿郊民图》是董源的中期作品。上海博物馆的《夏山图》、故宫博物院的《潇湘图》、辽宁博物馆的《夏景山口待渡图》属于同一时期的后期作品。"此时《溪岸图》已经被个别鉴定家提出怀疑。谢稚柳去了台湾之后，对《龙宿郊民图》确认为假，对其他三幅已经有所疑问，他对笔者说："看来，对董源要再研究，要重新认识。"但可惜，他没有机会再做这项研究了。

谢稚柳、刘旦宅由台北故宫博物院院长秦孝仪陪同看画

谢稚柳对董源画派的认识应该说是深刻的，他学习山水时，第一张临的作品就是江南画派代表画家之一巨然的《秋山问道图》。那时他寓居南京，故宫博物院的藏品多移至此地，他的好友朱家济之弟朱家溍在故宫博物院工作，利用工作之便，带谢稚柳在库房看画。他看到了巨然的《秋山问道图》，这是他由花鸟转向山水的一个转折点，并由此迷上了江南画派。

谢稚柳看到董源的第一幅作品即是《溪岸图》。1938年10月，徐悲鸿从桂林到了重庆。居住在青城山的张大千听说徐悲鸿已到，马上从青城山赶到重庆。谢稚柳从中说情，要和徐悲鸿换董源的那张宋人画。这时，张大千已由石涛转向宋人，对董源的那幅山水，他是朝思暮想，萦怀于心。

“稚柳，你去和悲鸿说，把那张宋人画换给我吧。”

“悲鸿能愿意换吗？”

“我给他金冬心的画，再加上其他的画。”

“这样，悲鸿也许会同意的。”

谢稚柳知道，徐悲鸿这时正迷上金冬心，要他用宋人画换金冬心的画，他会同意的。谢稚柳觉得，这样不会使徐悲鸿勉为其难，他愿意去当这个说客。

谢稚柳和徐悲鸿一说，徐悲鸿一口答应下来。就这样，谢稚柳看到并研究了董源的《溪岸图》。

看到董源的《潇湘图》和《夏山图》，那是在抗日战争胜利之后，谢稚柳和张大千都回到上海。

张大千由四川回到上海后，用重金购得董源的《潇湘图》。他欣喜若狂，马上通知谢稚柳来欣赏。

《潇湘图》是个长卷，没有奇峰峭壁，皆长山复岭，远树茂林，一派平远幽深，远处烟波浩渺，无穷无尽，有着苍茫浑厚之气。谢稚柳回忆起初看此卷的心情，对笔者说：“千载以来，董源的才情，和他那高深的观察与体验，不得不使人佩服。”

此时，张大千又告诉谢稚柳，上海大收藏家庞莱臣家中藏有董源的《夏山图》，他已经和吴湖帆一起去看过，并介绍谢稚柳去看。张大千给庞莱臣写了信。庞氏回信说欢迎谢稚柳前往看《夏山图》。

到了约定的那天，谢稚柳到庞家去了。此时，庞氏已经把《夏山图》拿了出来放在画案上。谢稚柳上午看了，他觉得《夏山图》比《潇湘图》画得好。

“张大千的《潇湘图》你看过了？”

“看过了。”谢稚柳说。

“你看怎样？”

“庞莱老，你看怎样？”在庞莱臣这样的大收藏家面前，谢稚柳还不敢轻易表态。

“你想想看，五代到现在多少年了？他的《潇湘图》还是那样新，有可能吗？你看我的《夏山图》，旧到什么样子，这才是真的，他的那卷是假的。”庞莱臣身上那种收藏家的性格特别鲜明。谢稚柳感到这位老人可亲可敬。

谢稚柳在鉴定书画

辽宁省博物馆藏的《夏景山口待渡图》，是在1962年，谢稚柳、张葱玉、刘九庵三人鉴定小组北行鉴定书画时才看到的。庞莱臣所藏的《夏山图》后来进了上海博物馆。

1973年，谢稚柳撰《南唐董源的水墨画派与〈溪岸图〉》论文，讲到《潇湘图》《夏山图》和《夏景山口待渡图》时，他写道："这三图的方式形态，虽属一致，而笔的表现，仍然有出入。这三图除了在山上布满了小黑点子来描写漫山的树木之外，《潇湘图》的皴笔，都是整齐而圆浑的条子。《夏山图》又掺杂了干笔、破笔和方侧的笔势。而《夏景山口待渡图》更掺杂了一些卷曲的皴笔，因而这三图的形体，在同一之中又有个别的地方。"

该文在谈到《溪岸图》时，写道："而《溪岸图》与上述三图的体制不同，所写的是崇山峻岭，与北方画派的山水的形体总的来说是比较相同，但并不突出以表现山的凹凸的主干线，而是以水墨烘晕来突出它。因此，仍与北方画派体格有所不同。高山大岭，用笔少而多晕染，骨体显得温润，绝无外强之气，也没有多少苔点。水势还是唐代的传统体制，而描写树木的精工生动，所配合的劲挺的笔势，显示了它的艺术特性。水阁里的人物，与卫贤《高士图》的骨体较接近。图的左下有款'后苑副使臣董源画'八字，其下有'天水赵氏'朱文印。"

董源画派对元人的影响，谢稚柳在该文中写道："'潇湘'等三图的画派，尤其是《夏景山口待渡图》卷曲的皴笔，成为王蒙的主要表现形体。他的《丹山瀛海》《一梧桐轩》《惠麓小隐》等图，都证明了这一点。而倪瓒的《渔庄秋霁图》的远山，也与《夏山图》的远山是步趋一致的。"

在《元赵孟頫的山水画派和〈百尺梧桐轩图〉考》一文中，谢稚柳又提出赵氏的"《龙王礼佛图》《东洞庭图》《秋华鹊色图》和《水村图》是董源的一派"。

看来，谢稚柳是敏锐的。多年之前，他已看出"潇湘"等三图与

《溪岸图》的不同，也看出元赵孟頫的《鹊华秋色》等图是来自董源。谢稚柳对待古画的态度又是慎重的，在他生前，虽然得到张大千的意见，到台湾看了《龙宿郊民图》，认定该图不是董源的，而对“潇湘”三图虽然有着思考，但并没有明确此三图是伪作。谈到这些犹豫，谢稚柳对笔者说：“对古代书画要像对人一样，不要轻易批评，更不能轻易否定。”

1988年，美国书画鉴定家李铸晋在《赵孟頫〈鹊华秋色图〉》一文中，明确提出《鹊》与董源的《夏景山口待渡图》的一致性，他写道：“《夏景山口待渡图》和赵孟頫的《鹊华秋色图》有许多更相似的地方，最显著的是一排柳树，和《鹊华秋色图》中的简直是完全相似，而在整个构图上，《夏景山口待渡图》以远山为背景，而中段则集中近景的树群，也与《鹊华秋色图》的大概布置相同，其他如芦苇的散布，以及着重横的沙洲与直的树干对比等，二画都有许多相似之处。从这方面来看，如果能证明这两张画成于元初之前，赵孟頫之受了这两张画的影响而作他的《鹊华秋色图》，似乎是极有可能的。”

谢稚柳的见解是否影响了李铸晋，我们就无从知道了。

谢稚柳堪称大师级的艺术家，无论是他的绘画艺术，还是他的鉴定思想，在中国艺术发展史上都应占有相当重要的地位。但是，以往人们对他的艺术及思想认识得不深，研究得不够。如今，人们的观念有所改变，在对中国探本求源，追溯晋唐宋元时，开始对谢稚柳的艺术宝库进行开掘，并向他的艺术靠拢，将来会从中得到更多的收获。

后记

岁月匆匆，《壮暮堂谢稚柳》《大石斋唐云》《三釜书屋程十发》《高花阁陈佩秋》“与大师谈艺”四种，出版距今已经十五个春秋了，读者朋友也许不复记忆，但文汇出版社高情厚谊，要把余之拙作四种，重新出版以飨读者，我真的有些惶恐不安。壮暮堂、药翁、发老已驾鹤西去多年，每忆及不禁黯然，更有旧梦难温之苦。因余之粗疏，三翁的“大师谈艺”出版后留下许多遗憾，但都难再补记之。二〇二〇年即为壮暮堂、药翁一百一十周年诞辰，谈艺录之再版，也是一个纪念吧。唯高花阁佩秋老师，神清气朗，是向茶寿者，余亦不敢多做叨扰，只能把她的高雅之谈以“篇之外”载于书后，期与读者朋友有共享之乐。

二〇一九年十月　时年八十又五

图书在版编目（CIP）数据

壮暮堂谢稚柳 / 郑重著．-- 上海：文汇出版社，2020.8
（与大师谈艺）
ISBN 978-7-5496-3251-0

Ⅰ．①壮… Ⅱ．①郑… Ⅲ．①谢稚柳（1910-1997）-生平事迹②中国画-绘画评论-中国-现代 Ⅳ．①K825.72 ②J212.05

中国版本图书馆 CIP 数据核字 (2020) 第 113103 号

（与大师谈艺）

壮暮堂谢稚柳

著　　者 / 郑　重
责任编辑 / 鲍广丽
装帧设计 / 观止堂_未氓

出 版 人 / 周伯军

出版发行 / 文匯出版社
上海市威海路 755 号
（邮编：200041）
经　　销 / 全国新华书店
排　　版 / 南京观止堂文化发展有限公司
印刷装订 / 安徽新华印刷股份有限公司
版　　次 / 2020 年 8 月第 1 版
印　　次 / 2020 年 8 月第 1 次印刷
开　　本 / 720×960　1/16
字　　数 / 120 千字
印　　张 / 11.75

ISBN　978-7-5496-3251-0
定　　价 / 68.00 元